经典炒股技术指标精解

（图谱版）

刘柯 编著

中国铁道出版社有限公司
CHINA RAILWAY PUBLISHING HOUSE CO., LTD.

图书在版编目（CIP）数据

经典炒股技术指标精解：图谱版/刘柯编著.—北京：
中国铁道出版社有限公司，2023.10
ISBN 978-7-113-30439-3

Ⅰ.①经… Ⅱ.①刘… Ⅲ.①股票交易-图解 Ⅳ.
①F830.91-64

中国国家版本馆CIP数据核字（2023）第142884号

书　　名：经典炒股技术指标精解（图谱版）
　　　　　JINGDIAN CHAOGU JISHU ZHIBIAO JINGJIE（TUPU BAN）
作　　者：刘　柯

责任编辑：杨　旭　　　编辑部电话：(010) 63583183　　电子邮箱：823401342@qq.com
封面设计：宿　萌
责任校对：安海燕
责任印制：赵星辰

出版发行：中国铁道出版社有限公司（100054，北京市西城区右安门西街8号）
网　　址：http://www.tdpress.com
印　　刷：三河市宏盛印务有限公司
版　　次：2023年10月第1版　2023年10月第1次印刷
开　　本：710 mm×1 000 mm　1/16　印张：13　字数：187千
书　　号：ISBN 978-7-113-30439-3
定　　价：69.00元

版权所有　侵权必究

凡购买铁道版图书，如有印制质量问题，请与本社读者服务部联系调换。电话：(010) 51873174
打击盗版举报电话：(010) 63549461

前言

在股票市场中进行交易的投资者，其实有的是在随大流操作，有的是单纯听从投资顾问的建议来买卖，自身对于股票的运行规律和一些操作原理其实并不太清楚。这就导致这部分投资者在挂单时总是找不到合适的时机，盈利了不知原因，亏损了也吸取不到教训。长此以往，操盘的成功率可能会越来越低。

因此，学习一些基础的、简单的技术分析方法，对于大部分投资者来说都是很有必要的。不过，自从股票诞生以来，人们对它的研究就没有终止过，市面上也存在着大量繁杂的技术分析法，投资者要想全部掌握显然不现实，只能从其中的某一方面入手，而技术指标就是一个很不错的选择。

技术指标一般是独立于K线以外的，借助各种理论和数据进行计算、汇总，利用曲线、柱状线等表现形式而设计出的辅助研判工具。比如投资者操盘时常用的成交量、移动平均线等，都是技术指标的一种。

尽管技术指标只是技术分析中的一个大方向，但其中包含的指标数量可达数千，投资者只要选择一些常见的、实用的技术指标学习即可，毕竟操盘技术贵在精，不在多。

出于这样的目的，笔者选择了成交量、移动平均线、MACD、KDJ、BOLL、RSI及BBI这七个指标，作为投资者初次接触技术分析的引路灯，帮助投资者打开技术分析的大门，从而进一步提升自己的操盘技术。

全书共六章，可分为两部分：

◆ 第一部分为第 1～3 章，讲解的是成交量、移动平均线和 MACD 指标，这三个指标相对来说比较基础，实用性也很强。每个章节中从指标基础到实用技巧，以及一些特殊形态的应用，都有详尽的解析，投资者入门并不困难。

◆ 第二部分为第 4～6 章，讲解的是 KDJ 指标、BOLL 指标、RSI 指标及 BBI 指标，这些指标相对来说比较难理解，属于进阶的操盘技巧。书中介绍了指标的基本用法、结合用法及一些特殊的应用技巧，能够有效提高投资者的操盘成功率。

全书采用"一图展示+知识精讲+应用实例"的结构，先通过图谱认识技术指标的形态，紧接着对形态进行深入解析，最后通过一个真实的案例来向投资者展示实战操作的细节和注意事项。由浅入深，内容精练，实用性强，注重操盘细节，相信读者在学习完成开始真正的操作时会有更大的获利把握。

最后，希望所有读者通过对书中知识的学习，提升自己的炒股技能，收获更多的投资收益。但任何投资都有风险，也希望广大投资者在入市和操作过程中谨慎从事。本书内容也仅是从知识的角度讲解相关技术的用法，并不能作为投资者实际买卖股票的唯一参考依据。

编　者
2023 年 7 月

目录

第一章 推动价格产生涨跌：成交量

一、量价形态经典用法 2

No.01　量增价涨走势积极 2
　　应用实例　保力新（300116）上涨过程中的量增价涨 3

No.02　量缩价跌走势消极 5
　　应用实例　嘉寓股份（300117）涨跌周期中的量缩价跌 6

No.03　量平价平正在整理 8
　　应用实例　汇川技术（300124）上涨阶段中的量平价平 9

No.04　量增价跌卖盘强劲 11
　　应用实例　华东数控（002248）行情底部的量增价跌 12

No.05　量增价平角逐激烈 14
　　应用实例　世联行（002285）行情高位的量增价平 15

No.06　量缩价涨危险信号 17
　　应用实例　中电兴发（002298）行情高位的量缩价涨 19

No.07　量缩价平整理阶段 21
　　应用实例　格林美（002340）行情高位的量缩价平 22

No.08　量平价涨动力不足 24
　　应用实例　大博医疗（002901）行情高位的量平价涨 25

No.09　量平价跌市场转势 27
　　应用实例　新纶新材（002341）上涨初期的量平价跌 28

二、开盘、盘中与尾盘的成交量形态 30

No.10　开盘天量推涨形态 30
　　应用实例　江特电机（002176）开盘天量推涨形态分析 31

  No.11 盘中缩量下滑形态 32
    应用实例 永兴材料（002756）盘中缩量下滑形态分析 33
  No.12 尾盘疾冲涨停形态 35
    应用实例 贵绳股份（600992）尾盘疾冲涨停形态分析 36
 三、分时图中成交量的特殊用法 37
  No.13 攻击形态放量 38
    应用实例 钧达股份（002865）攻击形态放量分析 39
  No.14 冲板形态放量 40
    应用实例 西藏矿业（000762）冲板形态放量分析 41
  No.15 对倒形态放量 42
    应用实例 赤峰黄金（600988）对倒形态放量分析 43

第二章 研判市场整体趋势：均线

 一、均线上攻形态解析 46
  No.01 葛兰威尔买卖法则的买点 46
    应用实例 奥克股份（300082）30日均线分析葛兰威尔法则买点 ... 47
  No.02 金银山谷预示上攻 50
    应用实例 中文在线（300364）上涨过程中的金银山谷形态分析 ... 51
  No.03 多头排列涨势积极 53
    应用实例 福石控股（300071）多头排列形态分析 54
  No.04 蛟龙出海再次突破 55
    应用实例 美联新材（300586）蛟龙出海买进时机分析 56
 二、均线下跌形态解析 58
  No.05 葛兰威尔买卖法则的卖点 58
    应用实例 帝科股份（300842）葛兰威尔买卖法则的卖点解析 ... 59
  No.06 死亡山谷预示转势 61
    应用实例 华中数控（300161）死亡谷形态分析 62

- No.07 空头排列跌势明显 ... 63
  - **应用实例** 通灵股份（301168）空头排列形态分析 ... 64
- No.08 断头铡刀下跌加速 ... 65
  - **应用实例** 中公高科（603860）断头铡刀形态分析 ... 66

三、分时图中均价线的用法 ... 67

- No.09 均价线对股价线的支撑应用 ... 68
  - **应用实例** 泰林生物（300813）均价线对股价线的支撑应用 ... 69
- No.10 均价线对股价线的压制应用 ... 71
  - **应用实例** 易天股份（300812）均价线对股价线的压制应用 ... 72
- No.11 股价线穿越均价线的形态 ... 74
  - **应用实例** 中国医药（600056）股价线穿越均价线的买卖点分析 ... 75

第三章 观察多空力量转换：MACD

一、从MACD指标线分析买卖点 ... 80

- No.01 上涨初期的低位金叉 ... 81
  - **应用实例** 第一医药（600833）上涨初期的低位金叉形态解析 ... 82
- No.02 上涨途中指标线之间的背离 ... 84
  - **应用实例** 杰恩设计（300668）上涨途中指标线之间的背离形态解析 ... 86
- No.03 下跌初期的高位死叉 ... 87
  - **应用实例** 格力地产（600185）下跌初期的高位死叉形态解析 ... 88
- No.04 MACD柱状线抽脚 ... 92
  - **应用实例** 大连友谊（000679）MACD柱状线抽脚形态解析 ... 93
- No.05 MACD柱状线缩头 ... 95
  - **应用实例** 中晶科技（003026）MACD柱状线缩头形态解析 ... 95

二、MACD指标与K线形态的结合 ... 97

- No.06 MACD低位金叉+早晨之星 ... 98
  - **应用实例** 麦趣尔（002719）MACD低位金叉+早晨之星形态解析 ... 99

  No.07 MACD 持续上扬 + 前进三兵 100
    应用实例 青岛金王（002094）MACD 持续上扬 + 前进三兵形态解析 ... 102
  No.08 MACD 高位死叉 + 黄昏之星 105
    应用实例 莫高股份（600543）MACD 高位死叉 + 黄昏之星形态解析 ... 105
  No.09 MACD 持续下行 + 三只乌鸦 107
    应用实例 金财互联（002530）MACD 持续下行 + 三只乌鸦形态解析 ... 108

三、MACD 指标经典形态应用 109
  No.10 佛手向上回调结束 110
    应用实例 司尔特（002538）佛手向上形态解析 111
  No.11 天鹅展翅即将腾飞 112
    应用实例 尚荣医疗（002551）天鹅展翅形态解析 113
  No.12 海底捞月即将上攻 115
    应用实例 鼎通科技（688668）海底捞月形态解析 115

第四章 分析超买超卖现象：KDJ

一、KDJ 的特殊形态与摆动区域 118
  No.01 形成顶底形态的 K 曲线 119
    应用实例 东华测试（300354）K 曲线的双重底分析 119
  No.02 D 曲线对 50 线的穿越 121
    应用实例 固德威（688390）D 曲线对 50 线的穿越分析 122
  No.03 J 曲线在摆动区域外运行 125
    应用实例 祥鑫科技（002965）J 曲线在摆动区域外运行分析 126
  No.04 指标线长时间位于超买区附近 128
    应用实例 陕西金叶（000812）指标线长时间位于超买区附近分析 ... 129
  No.05 指标线长时间位于超卖区附近 132
    应用实例 欧普康视（300595）指标线长时间位于超卖区附近分析 ... 133

二、KDJ 指标的背离与钝化应用 134

No.06　KDJ 指标与股价的背离 135
应用实例 建龙微纳（688357）KDJ 指标与股价的背离分析 136

No.07　指标线的钝化 139
应用实例 翠微股份（603123）指标线的钝化分析 141

No.08　指标线钝化后的解决方案 142
应用实例 卫光生物（002880）KDJ 指标钝化后利用上升趋势通道买卖 143

第五章　跟随股价形成通道：BOLL

一、布林指标的基础使用方法 148

No.01　布林指标发出的超卖信号 151
应用实例 光智科技（300489）布林指标发出的超卖信号 152

No.02　布林指标形成的超买信号 154
应用实例 博晖创新（300318）布林指标形成的超买信号 155

二、布林中轨线与股价的关系 157

No.03　布林中轨线的支撑与压制作用 157
应用实例 嘉应制药（002198）布林中轨线的支撑与压制作用 158

No.04　股价对布林中轨线的穿越 159
应用实例 大参林（603233）股价对布林中轨线的穿越 160

三、布林通道缩放与 KDJ 指标结合 162

No.05　布林通道开口与 KDJ 死叉 162
应用实例 诺邦股份（603238）布林通道开口与 KDJ 死叉分析 163

No.06　布林通道开口与 KDJ 金叉 165
应用实例 合盛硅业（603260）布林通道开口与 KDJ 金叉分析 165

No.07　布林通道收口与 KDJ 高位钝化结束 167
应用实例 我乐家居（603326）布林通道收口与 KDJ 高位钝化结束分析 .. 168

No.08 布林通道收口与 KDJ 低位钝化结束 170
　　应用实例 盘龙药业（002864）布林通道收口与 KDJ 低位钝化结束分析 171

No.09 布林通道紧口时 KDJ 震荡 172
　　应用实例 振德医疗（603301）布林通道紧口时 KDJ 震荡分析 173

第六章　其他常见技术指标：辅助分析

一、RSI 指标有哪些用法 176

No.01 RSI 指标突破前期高点 177
　　应用实例 卫光生物（002880）RSI 指标突破前期高点 178

No.02 RSI 指标跌破前期低点 179
　　应用实例 日辰股份（603755）RSI 指标跌破前期低点 180

No.03 强势区间内 RSI 指标的用法 182
　　应用实例 川仪股份（603100）强势区间内 RSI 指标的用法 182

No.04 弱势区间内 RSI 指标的用法 184
　　应用实例 特一药业（002728）弱势区间内 RSI 指标的用法 185

二、BBI 指标的实操应用 186

No.05 BBI 指标线形成的特殊形态 187
　　应用实例 伊戈尔（002922）BBI 指标与 K 线共同形成双重顶 188

No.06 周 K 线中 BBI 指标线的应用 190
　　应用实例 宏川智慧（002930）周 K 线中 BBI 指标线的应用 191

No.07 顾比倒数线和 BBI 的结合 193
　　应用实例 锋龙股份（002931）顾比倒数线和 BBI 在底部的结合 195

第一章

推动价格产生涨跌：成交量

作为经典的技术指标之一，成交量已经成为广大投资者进行技术分析时首选的分析对象。它反映了截至某一时刻市场中成交数量和金额的变动情况，结合股价的走势，能够有效帮助投资者判断后市可能形成的变化，是投资者学习经典技术指标的第一站。但要注意，本书所介绍的技术指标只能起指导作用，不能将其当作绝对操作标准。

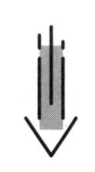

一、量价形态经典用法

成交量与价格之间相互影响、相互制约。每当成交量产生剧烈变动时，股价也会出现一定程度的变动，但股价变动的方向并不固定。当成交量能放大时，股价可能上涨，也可能下跌，或者形成走平。二者结合就构成了一系列的量价形态。

当这些量价形态出现在特定的位置时会具有很高的分析价值，投资者也能够借助这些特殊位置出现的量价形态来判断买卖时机。

No.01 量增价涨走势积极

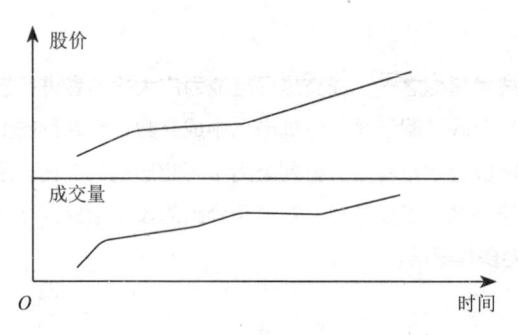

一图展示

图 1-1 量增价涨形态示意图

知识精讲

量增价涨形态指的是当成交量在某一段时间内呈现放量状态时，股价也跟随量能的放大而向上攀升，二者呈现出配合状态。

这种量增价涨的配合状态在上涨过程中非常常见，它是股价保持积极上涨的证明。当上涨阶段长时间出现这种形态时，就意味着当前行情向好，投资者可以选择合适的位置买进。

不过，当其出现在下跌行情中时，虽然也意味着股价在短时间内形成了反弹，并且涨势良好，但在市场下跌动能还未完全释放之前，后市依旧是看跌的状态。

因此，投资者在抢反弹的过程中，如果发现量增价涨的形态被破坏，就要保持高度警惕，最好及时在股价重新进入下跌轨道之前卖出，将已有收益落袋为安。

不过还有一种情况，就是当股价经历了长时间的下跌后，终于接触到了底部，并且成交量在积极放量的过程中对股价形成了强势的推动，导致股价开始向上远离底部，形成新行情。此时，投资者再买进就不是抢反弹，而是抄底了。

但是大多数时候，投资者都很难准确判断出二者的区别。因此，在下跌行情中遇到量增价涨的形态时，最好还是谨慎操作，但只要能够完全确定新行情的出现，投资者也要果断出手。

下面来看一个具体的案例。

应用实例

保力新（300116）上涨过程中的量增价涨

图1-2为保力新2020年8月至9月的K线图。

从图1-2中可以看到，保力新的股价正处于上涨阶段之中。在8月中上旬该股的股价在1.50元至1.75元进行横向波动，与此同时，成交量的量能相对较小，并且整体呈现出走平的状态。正是因为如此，股价短时间的波动幅度也非常小。

直到8月13日，成交量在当日突然放大，使得股价在这个交易日内迅速上涨，当日涨幅达到了8.44%。但在后续，成交量并没有继续维持放大，因此，股价也回落到了均线附近。

8月中下旬，成交量量能再次开始放大，并且此次呈现出了连续的放量，终于对股价产生了较强的推动，价格随之迅速上涨，一个明显的买点形成了，股价后续很快便来到了 3.50 元价位线附近。

从这一阶段的量价关系来看，成交量放大，股价上涨，二者呈现出了明显的量增价涨的配合状态。

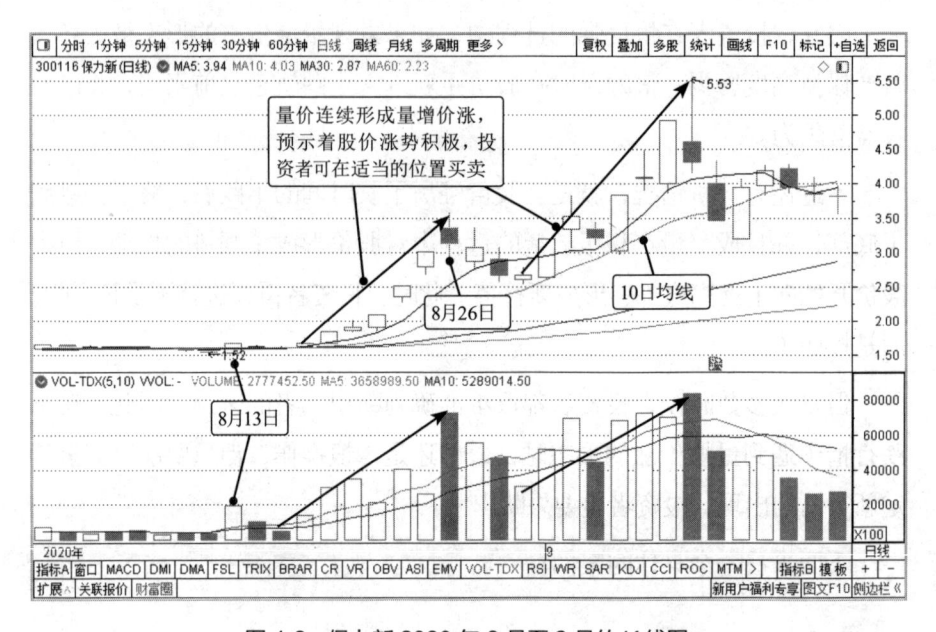

图 1-2　保力新 2020 年 8 月至 9 月的 K 线图

继续来看后面的走势。在 8 月 26 日之后，成交量量能出现了明显的缩减。与此同时，股价也跌到了 3.00 元价位线以下，预示着市场即将进入回调。此时，短线投资者可以卖出，将收益收回，中长线投资者则可以继续观察。

从后期的走势可以看到，8 月底，股价跌至 2.50 元价位线附近后止跌回升，量能再次上涨，形成了又一波的集中放量。与此同时，股价也开始快速上涨，并且此次涨势更快、更强，一路突破到了 5.00 元价位线以上，又一次形成了量增价涨的配合。

在此期间，尽管价格出现了多次波动，但整体始终踩在 10 日均线上向上攀升，买入信号还是比较强烈的。短线投资者可在量增价涨形成的初期果断买入，中长线投资者既可以保持观望，也可以适当加仓。

随后，投资者只要在量价的积极形态被破坏之后，股价形成大幅度下跌之前卖出，就可以将这部分收益收入囊中。

No.02　量缩价跌走势消极

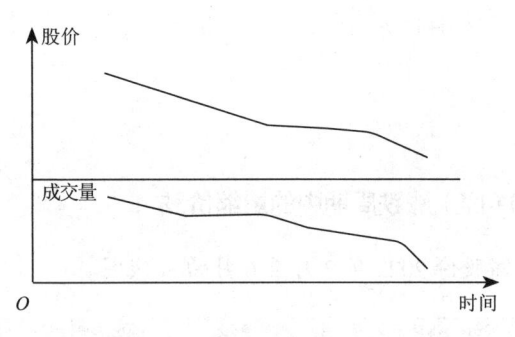

一图展示

图 1-3　量缩价跌形态示意图

知识精讲

量缩价跌形态指的是当成交量在某一段时间内呈现缩量状态时，股价也跟随量能的缩减而下跌，二者同样呈现出配合状态。

量缩价跌形态也是非常常见的，它在行情的任何位置都可能出现，但在下跌行情之中，量缩价跌形态的形成是最频繁的。

这说明在经历了长时间或大幅度下跌后，市场的交投热情明显降低。虽然卖方急于出手，但是愿意接盘的买方还是不多，卖方在不得已之下，不断压价出售，价格也一跌再跌，最终形成了量缩价跌的形态。

正是这种形态长时间的出现，导致了下跌行情的持续。所以，在下跌行情中遇到量缩价跌时，无论是被套的投资者还是误入场内的投资者，最好还是及时卖出，尽早止损。

不过，若是在上涨行情中发现量缩价跌形态，尽管形态同样意味着下跌，但是其卖出信号并没有下跌行情中那么强烈。因为市场整体上涨的走势还是确定的，只要股价没有彻底跌破支撑位，那么后市还存在一定的上涨空间。

此时，短线投资者可以在量缩价跌形成的初期卖出，保住收益；中长线投资者则可以继续持有，甚至在股价下跌的过程中加仓，降低自己的持仓成本，待到股价回调结束，止跌回升时，就可以再收获一波上涨。

下面来看一个具体的案例。

应用实例

嘉寓股份（300117）涨跌周期中的量缩价跌

图1-4为嘉寓股份2022年2月至6月的K线图。

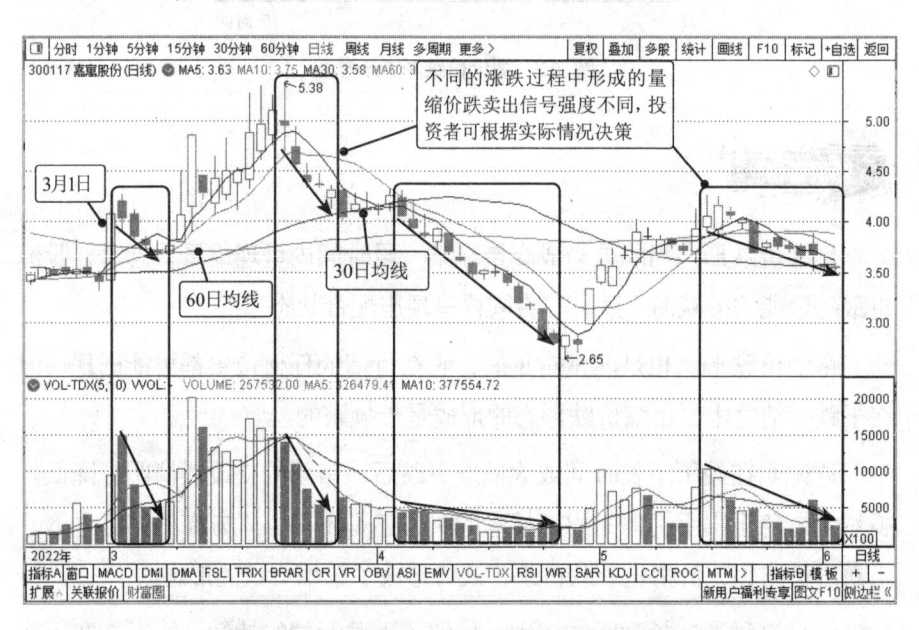

图1-4 嘉寓股份2022年2月至6月的K线图

从K线图中可以看到，2月，股价还在3.50元价位线附近震荡，呈现出缓慢的上涨状态，下方的成交量也有放量的趋势。

3月1日，股价突然收出一根涨幅达到20%的大阳线，以涨停的姿态快速上冲，来到了4.00元价位线以上。与此同时，成交量量能达到了一个高峰，与股价之间形成了量增价涨的配合状态。

但在此之后，股价再次上冲了一个交易日，随后又很快进行了回调，一直落到了 3.75 元价位线以下，成交量量能跟随回缩，与股价形成了量缩价跌的配合。

不过，由于股价此次下跌的时间较短，并且很快在 60 日均线附近得到支撑，此时投资者基本可以判定股价还存在上涨空间，这是一个形成于上涨过程中的量缩价跌形态。因此，投资者可以暂时不着急卖出，甚至在回调底部加仓。

从后续的走势也可以看到，股价回调至低位后迅速止跌回升，成交量表现出了积极的配合，短短三个交易日后就形成了又一个高峰。但在后续，股价又回调了一个交易日，量能随之回缩，此次回调幅度更小，时间更短，投资者可以将其当作上涨途中的一个震荡，不予理会。

在后续股价继续上涨的过程中，成交量量能明显没有提供更强的支撑，因此，股价上涨的速度也比前期缓慢了很多，但整体来说，依旧超越了前期的高点，场内投资者依旧是盈利的。

3 月下旬，股价在创出 5.38 元的阶段新高后开始迅速下跌。与此同时，成交量量能也跟随回缩，并且回缩速度较快，二者再次形成了量缩价跌的形态。此时，相较于上涨初始的 3.50 元左右来说，整体涨幅已经接近 54%，短期内的收益比较可观，谨慎的投资者可以卖出了。

3 月底，股价跌至 4.00 元价位线附近得到了 30 日均线的支撑，形成了小幅回升后，最终还是于 4 月初再次向下跌去。成交量又一次回缩，量缩价跌在下跌过程中再次形成。这就意味着股价短时间内将面临一波快速的弱势走势，还留在场内的投资者应当及时出局，保住收益。

从后续的走势也可以看到，4 月底，股价跌至 2.65 元的阶段新低后再次止跌回升，又一次形成了一个较小的涨跌周期。在这段时间内，投资者依旧可以按照前一次涨跌周期的策略来操作，将这一段涨幅收入囊中，同时避开后期的下跌。

No.03　量平价平正在整理

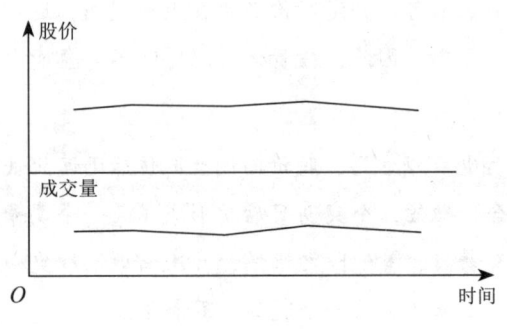

一图展示

图 1-5　量平价平形态示意图

知识精讲

　　量平价平形态指的是当成交量在某一段时间内呈现走平状态时，股价也跟随量能的走平而横向震荡，二者呈现出配合状态。

　　注意，这里的成交量走平，并不是说成交量每一个交易日的量能都是一致的，只是说在一定时期内，成交量的峰值大致都在相近的位置上，尽管可能有所震荡，但整体来说还是在横向运动的。

　　同理，股价的走平也并不意味着价格只沿着某一条价位线横向运行。有些时候，股价的震荡可能比较频繁，但将其拉长来看会发现，其实股价整体都是被限制在一个能够用肉眼观察到的价格区间内波动，这样形成的量平价平才算是比较常见的。

　　那么，这种形态形成的意义是什么呢？很显然，那就是市场正在整理。

　　成交量的走平说明市场中买卖双方力量均衡，并没有哪一方出现了明显的大量抛售或购买的情况。与此同时，股价的震荡也证明了这一点，在没有产生明显的方向性选择之前，这种形态可能会持续一段时间。

　　对于投资者来说，这段时间并不是一个好的买卖点，毕竟没有方向性的选择，也就无从谈起看多或看空。

当然，投资者可以借助量平价平形态形成时，据其所处的位置来判断未来可能的趋势。比如当其形成于上涨阶段中，那么在其整理完成后，股价继续上涨的概率是非常大的；反之，当其在下跌过程中形成，那么在整理结束后，股价继续下跌的可能性也会非常大，这就为投资者提供了一个参考。

但在没有绝对把握之前，最好还是不要在整理阶段轻易买卖，而是当股价产生方向性选择时，再果断进行操作，这样的成功率会高很多。

下面来看一个具体的案例。

应用实例

汇川技术（300124）上涨阶段中的量平价平

图 1-6 为汇川技术 2020 年 4 月至 7 月的 K 线图。

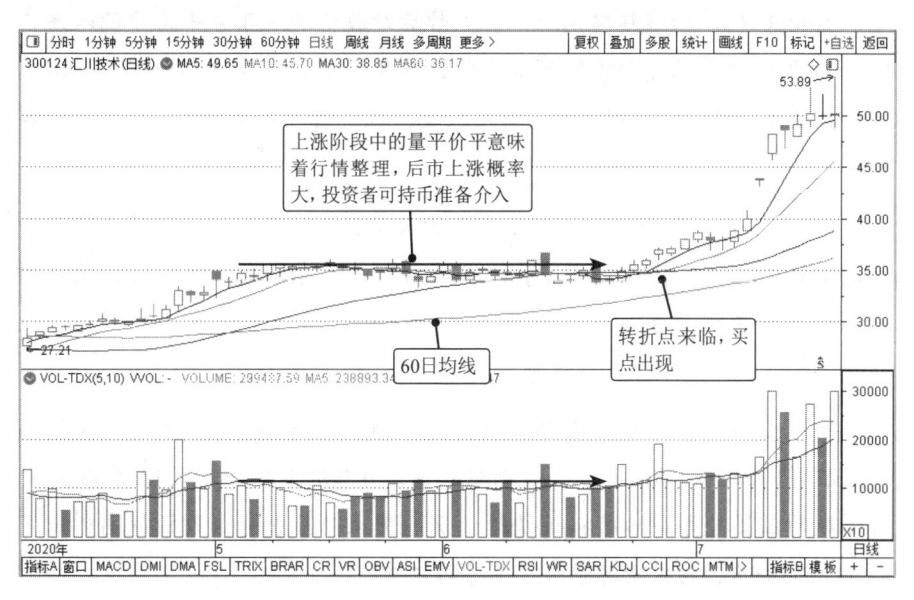

图 1-6　汇川技术 2020 年 4 月至 7 月的 K 线图

从 K 线图中可以看到，汇川技术的股价正处于一段比较明显的上涨阶段中。4月到5月初，股价维持着比较稳定的上涨。同时，成交量量能显示出了整体的放大，但在接近5月的时候就出现了回缩。这说明市场内的推动力不足了，股价很可能会进入下跌或横盘走势。

果然，在进入5月后不久，股价在35.00元价位线附近受到阻碍，形成了横向运动。在后续近一个半月的时间内，股价几乎都围绕着这条价位线上下波动，呈现出走平的状态。

此时再来观察成交量，自从股价开始走平后，成交量的波动幅度也缩小了。尽管在细微之处依旧表现出震荡，但从整体来看，成交量的波峰几乎都处于相近的位置上，与股价一样，也呈现出走平，二者形成了量平价平的形态。

在上涨阶段中形成的量平价平，意味着多方的攻势暂缓，场内积累的获利盘开始抛售，浮动筹码在二者之间逐步交换，待到整理结束，股价很有可能会继续选择向上运行。

这一点从均线的走势也可以明显地看出，尤其是60日均线。在股价从低位上升并将60均线扭转向上后，尽管后续股价进入了量平价平的状态，但60日均线上升的走势没有明显变化，整体依旧承托在价格之下，显示出强力的支撑。因此，后市上涨的概率较大，投资者可以持币保持观望，准备随时介入。

6月中下旬，股价终于出现了上涨的迹象，与此同时，成交量量能也开始逐步放大，缓慢将股价上推，远离了35.00元价位线。这是股价做出方向性选择的关键一步，观望的投资者此时就可以快速介入，果断建仓或补仓。

从后续的走势也可以看到，股价在上涨接近40.00元价位线后受到了一定阻碍。但在数日后，成交量剧烈放量，直接将股价推到了接近45.00元价位线的位置，并在后续接连快速上涨。截至7月中旬，股价最高创出了53.89元的高价，为投资者带来了丰厚的收益。

No.04　量增价跌卖盘强劲

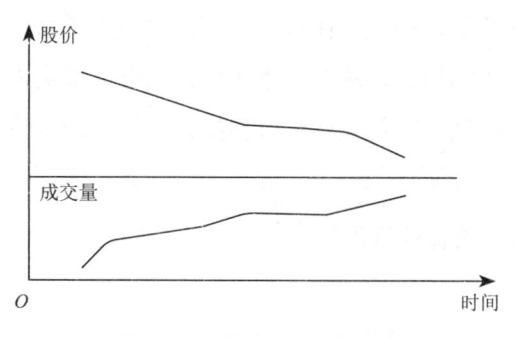

一图展示

图 1-7　量增价跌形态示意图

知识精讲

量增价跌形态指的是当成交量在某一段时间内呈现放大状态时，股价却反而形成了下跌，二者呈现出背离状态。

与前面介绍的三种配合形态不同，量增价跌是一种非常明显的背离，成交量与股价运行的方向相反。这看似不符合常理，但细究其根本，还是很好理解的。

成交量的放大意味着交易量的增加，无论是买盘还是卖盘，都非常活跃。而股价在此时非但没有上涨，反而形成下跌，这就说明卖盘更为急切，价格竞争十分激烈，卖方宁愿压价也要快速占据优势地位，将筹码卖出。

显然，这样的压价行为吸引了一部分愿意冒险的买盘，这就导致了交易量增加，但股价还是下跌的情况。

由此可以看出，量增价跌的形成意味着场内有大量卖单出现，这种行为形成的原因很大可能是市场发生了某种剧烈变化。

一是股价在经历长时间上涨后出现了回调，导致短期获利盘抛盘兑利；二是股价在上涨至高位后陡然下跌，导致场内投资者不顾一切地想逃离；

三是在下跌过程中，股价反弹结束后，解套和抢反弹的投资者纷纷离场。

这些行为都有可能形成量增价跌形态，并且根据其位置不同，卖出信号的强度也不同，投资者可以根据自身策略来决策。

但还有一种情况，那就是在行情底部，主力为了将价格压低，达到大批量吸取廉价筹码的目的，从而出手压价，随后大量买进。在其完成底部吸筹后，很可能在某一时刻突然将价格拉升，带出新行情，这个时候就是一个非常积极的信号了。

下面来看一个具体的案例。

应用实例

华东数控（002248）行情底部的量增价跌

图1-8为华东数控2020年12月至2021年5月的K线图。

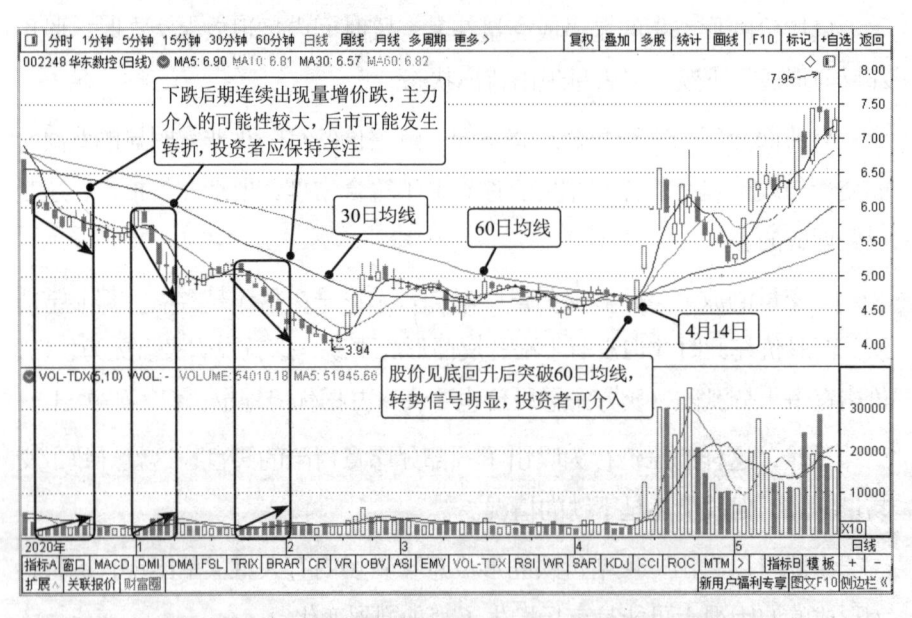

图1-8 华东数控2020年12月至2021年5月的K线图

从K线图中可以看到，华东数控的股价正处于下跌行情向上转势的过程中。从均线的状态可以看出，2020年12月到2021年2月初，股价整体处于下跌状态，30日均线和60日均线长时间覆盖在股价上方，形成了强大的压制。

在此期间，如果投资者仔细观察成交量就能够发现，早在2020年12月，在股价震荡下跌的过程中，成交量就已经出现了放量。尽管放量的幅度不大，但还是与股价形成了量增价跌形态。此时，股价还处于下跌之中，在暂时无法判断后续走势的情况下，投资者可以先保持观望。

从后续的走势可以看到，股价在跌至5.50元价位线后形成了一段反弹，但这段反弹无论是幅度还是时间都不尽如人意，股价很快便再次向下跌去。这一次股价下跌的速度明显较快，并且从成交量来看，股价下跌的同时，成交量量能形成了明显的放大，量价之间出现了一个明显的量增价跌形态。

观察前面的反弹幅度，再结合前期长时间的下跌可知，此处的被套盘和获利盘显然并不具备突然解套或套利离场的条件。因此，这里出现明显的量增价跌形态，很有可能是主力在操作。此时可以引起投资者重视，但依旧不必着急入场。

2021年1月中旬，股价又形成了一次反弹，此次反弹的幅度更小，很快股价便再次出现了下跌，一路跌破前期低点，向下滑落。这时，成交量量能再次出现了放大，短时间内第三次形成了量增价跌。毫无疑问，这大概率也是主力接触导致的，投资者要保持耐心，等待转机的到来。

继续来看后面的走势。在2月上旬，股价创出了3.94元的新低，随后快速转折向上，形成了连续的拉伸，成交量量能也相应放大。

但数日之后，股价突破30日均线，又在60日均线下方受到压制，形成了回调。观察其回调的低位可以发现，此次股价的回调并未跌破前期低点。并且在后续的走势中，股价反复上冲，虽然长时间受到60日均线的压制，但其回调的位置大致都保持在4.50元，顽强地维持住了横盘。

这就意味着市场中有一股力量在支撑股价，避免其跌破支撑位。结合前期下跌阶段的量增价跌形态来看，这股力量很有可能是即将拉出新行情的主力。因此，观察到这一点的激进型投资者就可以在合适的位置买进，而谨慎型的投资者可以再观察一段时间。

4月中旬，60日均线向下靠近了4.50元的关键支撑位。此时，股价在4月14日突然以一个突兀的涨停大阳线突破60日均线的压制，直接穿过了整个均线组合，站到上方，并在后续形成了连续的上涨，传递出明显的转势信号。此时，处于观望中的谨慎型投资者也可以快速建仓入场了。

No.05 量增价平角逐激烈

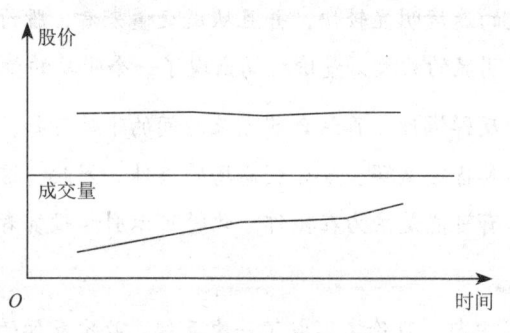

一图展示

图 1-9 量增价平形态示意图

知识精讲

量增价平形态指的是当成交量在某一段时间内呈现放大状态时，股价却维持着横向震荡或是走平的状态，二者形成背离。

从形态的整体走势可以看到，成交量放大，市场活跃度上涨的同时，股价却未产生太大的波动，或是没有出现明显的方向性变化。这就意味着虽然场内交投活跃，但多空双方暂时维持住了稳定的趋势，买盘既没有因为着急建仓而大幅提价，卖盘也没有因为恐慌出局而疯狂压价，这才使得股价形成了暂时的平衡。

但股价的平衡并不意味着市场的平静，这一点从成交量的放大可以明显看出。市场中的竞争还是非常激烈的，多空双方总想压倒另一方，让股价朝着预期方向前进。因此，这种平衡形态非常不稳定，并且维持的时间可能也不会太长。

相较于其他量价形态来说，量增价平相对比较少见，它常常出现在转折的位置，比如阶段高位、行情高位、阶段低位或行情低位等，在这些位置出现量增价平，其参考价值比较高。

投资者在遇到这种形态时，最好先保持观望，待到成交量或股价出现突然变化时，再进行选择，避免被套或踏空。

下面来看一个具体的案例。

应用实例

世联行（002285）行情高位的量增价平

图1-10为世联行2021年6月至9月的K线图。

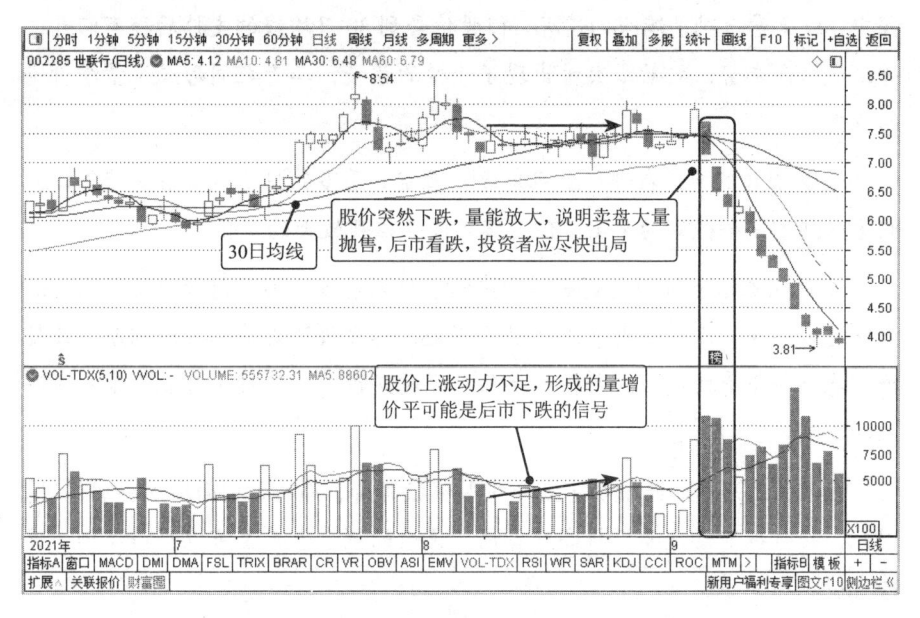

图1-10 世联行2021年6月至9月的K线图

从K线图中可以看到，世联行的股价正处于上涨行情的高位。从均线的状态可以很明显地看出，在6月到7月中旬，股价还处于上涨状态。并且在 7 月这段时间的上涨中，成交量与股价形成了量增价涨的配合，说明这段时间股价涨势还是非常积极的，大量买盘在此介入。

但在 7 月下旬，股价创出 8.54 元的新高后，次日就出现了快速的下跌。尽管价格很快在 7.00 元价位线上方受到支撑，成交量的量能却出现了明显的缩减，形成一个短期下跌的信号，但此时无法准确判断后市是否还能再度上涨。

7 月底，股价阶段见底后又一次形成上涨，此次成交量的放量幅度相较于前期来说明显减小，因此，提供给股价的推动力也不太充足。

8 月初，股价再次上冲到 8.50 元价位线附近，但未能突破前期高点。在收出一根带长上影线的阳线后，股价拐头再次下跌，开始在 7.00 元到 7.50 元进行横向震荡，并且震荡幅度较小，几乎是整体走平的状态。

此时再来观察下方的成交量，可以发现，在股价下跌至 30 日均线的过程中，成交量出现了缩减的情况。但股价受到 30 日均线的支撑后稍有回升，并形成横向走势，之后成交量出现了小幅的放量，二者之间形成了量增价平的背离。

这意味着市场正在进行激烈角逐，看空和看多的投资者纷纷交换筹码，双方达到了一个微妙的平衡，但后续可能会出现较大的变化。

此时就要结合前期成交量与价格的表现来看了。由于前期股价再次上涨未能突破高点，成交量也表现出动力不足，那么投资者基本可以判断，此处很可能是一个阶段高位或行情的高位。也就是说，后续股价可能面临一段时间的下跌。

显然，无论是短线投资者还是中长线投资者，都不希望面对这样的情况。因此，此时投资者就要保持高度警惕，谨慎的投资者甚至可以提前离场，保持观望。

继续来看后面的走势。8 月底，股价突然有一个快速的上冲，触及了 8.00 元价位线，成交量也在当日出现放量。但在随后的交易日中，无论是量能还是股价都没有更好的表现，反而是回落到了 7.50 元价位线附近，再一次表现出了上冲动能不足的状态。

9月初，股价再次上冲失败后，骤然出现了快速的下跌，整体连续收阴迅速下滑，仅三个交易日就跌到了6.00元价位线附近。并且成交量也相较于前期出现了大幅的放量。这意味着场内有大量的卖盘在出售，反应快的投资者应当在股价前几天下跌时就快速卖出，保住前期收益。

从后市的走向来看，股价在半个月时间内就跌到了4.00元价位线附近，相较于股价横盘期间的7.50元左右，跌幅接近47%，如果投资者不能及时出局，将会面临极大的损失。

No.06 量缩价涨危险信号

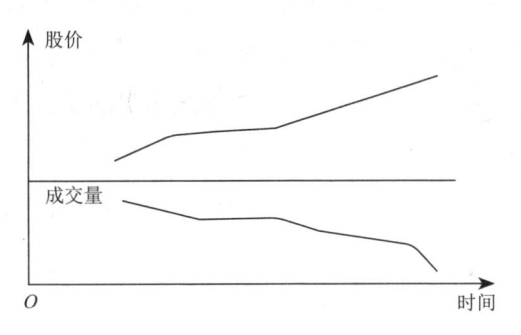

一图展示

图 1-11 量缩价涨形态示意图

知识精讲

量缩价涨形态指的是当成交量在某一段时间内呈现缩减状态时，股价却出现了反向的上涨，二者形成背离。

在很多情况下，量缩价涨都是一种比较危险的信号。因为成交量的缩减意味着市场中买卖盘之间的交易量在降低，但股价没有随之下跌，反而形成了上涨，这就意味着市场中买方更加强势，愿意介入的投资者非常多，已经形成了价格竞争，买方不断抬价试图买进。

但伴随着股价的上涨，市场中获利的投资者也尝到了甜头，愿意卖出的投资者逐渐减少，卖盘在无法满足买盘的需求时，就会形成成交量缩减，但股价还在上涨的状态。

那为什么又说这样的形态是危险的呢？其实把它跟量增价涨的形态对比一下就知道了。

在量增价涨情况下，买盘积极，卖盘也愿意获利出手，双方的需求都能够得到满足，同时股价也能形成上涨，那么就能吸引更多的买卖盘进行交易，这自然是一个看多的信号。

但量缩价涨就不一样了，如果买盘长时间得不到满足，股价又一再上涨，持仓成本的上升让投资者放弃追涨买进也是很正常的。

在这种情况下，股价上涨的速度就会越来越慢。等到二者达到一个临界点，卖盘在某一契机带动下开始大量抛售，但愿意承接的买盘又在减少，这就会造成与前期截然相反的走向，那就是卖盘的急切压价，导致股价的快速下跌。

因此，量缩价涨形态极易出现在阶段顶部或行情顶部，并且是后市股价即将见顶下跌的信号。

拓展知识 *上涨初期的量缩价涨*

不是所有的量缩价涨都意味着后市下跌，在某些特殊情况下，这种形态也是一种积极的信号。

比如在上涨初期，如果市场中的主力手中有足够多的筹码，那么其控盘能力会有相当大的提高，无须释放太大的量能，就能将股价向上拉伸。这意味着主力非常看好该股，后市可能会迎来一波牛市，是一个非常好的信号，但投资者要注意鉴别，避免贸然入场被套。

下面来看一个具体的案例。

应用实例

中电兴发（002298）行情高位的量缩价涨

图 1-12 为中电兴发 2020 年 7 月至 2021 年 1 月的 K 线图。

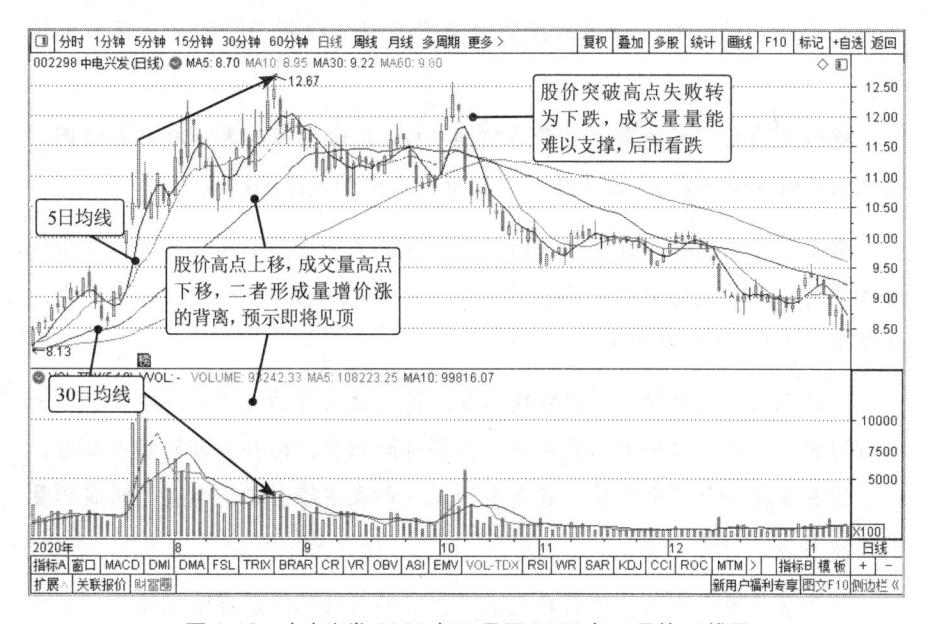

图中标注：
- 5日均线
- 30日均线
- 股价高点上移，成交量高点下移，二者形成量增价涨的背离，预示即将见顶
- 股价突破高点失败转为下跌，成交量量能难以支撑，后市看跌

图 1-12　中电兴发 2020 年 7 月至 2021 年 1 月的 K 线图

从 K 线图中可以看到，中电兴发的股价正处于上涨行情的高位。在 2020 年 7 月中上旬，股价还维持着积极的上涨，长时间踩在 5 日均线上方向上攀升，很快便来到 9.50 元价位线附近。在此位置受到压制后，股价形成回调，数日后在 30 日均线上受到支撑，随后再次向上运行。

此次股价的拉升速度非常快，短短数日内就从 8.50 元价位线上方一路上冲到了 11.50 元以上。与此同时，成交量也出现了大幅度的放量，在股价冲上 11.50 元价位线时，成交量更是形成了一个相当大的波峰。

但在此之后，股价回落到 10.50 元价位线附近，形成了一段时间的横盘。成交量也从波峰回缩，跌落到了下方。

7 月底到 8 月初，股价再次向上运行，并且越过了前期高点，来到了

12.00 元价位线上方。成交量在此期间虽然也形成了相应的放量，但量能相较于前期波峰来说明显缩减，整体来看是走低的。

此时，成交量就与股价形成了量缩价涨的背离。结合前期长时间的上涨来看，股价已经有了较大的涨幅，多方开始疲软，未来股价大概率将面临回调或是行情的转折。谨慎的投资者应当及时接收到警告信号，提前出局观望。

继续来看后面的走势。股价在突破 12.00 元价位线后再一次形成回调。此次回调低点依旧在 10.50 元价位线附近，成交量也随之缩减。

数个交易日之后，股价止跌回升，形成了又一波的上涨。此次上涨局势比较稳定，股价大部分时间都在收阳，一路突破到了 12.50 元价位线以上，并创出了 12.67 元的新高。

此时来观察成交量，可以发现，在股价止跌回升的过程中，单独看这一段时间的成交量，它确实是放量的。但将时间拉长，结合前期的高点来看，股价的高点在一个一个上升，成交量的高点却在下降，二者形成了明显的量缩价涨形态。

这意味着市场中虽然还存在交易，但交易双方的活跃度明显降低，多方的推涨动能逐渐减弱，股价即将进入下跌或回调之中，此时还未离场的投资者应当尽快抛售出局。

从后续的走势也可以看到，在股价创出 12.67 元的新高后，次日就出现了下跌，并且此次下跌时间明显拉长。尽管股价在 10.50 元价位线上方再次受到了支撑，虽然并未跌破前期低点，但从后续长期的横盘，以及上涨不破前期高点的表现来看，股价很难再有好的表现。

因此，投资者在 10 月初发现股价在一次急速上冲突破高点失败转为下跌后，就要及时醒悟，尽早在相对高位出局，保住收益的同时，规避后续的下跌。

No.07　量缩价平整理阶段

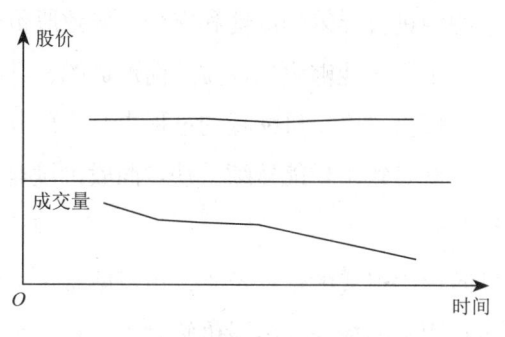

一图展示

图 1-13　量缩价平形态示意图

知识精讲

量缩价平形态指的是当成交量在某一段时间内呈现缩减状态时，股价没有下跌，而是形成了横向的运行状态，二者产生背离。

量缩价平是一种比较常见的量价背离形态，在行情的任何位置都可能出现，这种形态往往是市场正在整理的信号。

这是因为在成交量缩减的同时，多空双方的交易量也在减少，那么双方或是某一方的需求量肯定是有所下降的。导致需求量下降的原因有很多，具体要根据其所处的位置来分析。比如，在阶段高位或是行情高位出现量缩价平，这种情况就是多方的需求量在下降。简单来说，就是市场中没有那么多的买家了。也许在量缩价平形成的前期，卖方还不太愿意出手，导致买方得不到满足，形成初步的量缩价平。但在这样的形态延续一段时间后，市场中的买方会发现，好像后市并没有那么大的上涨空间，此时入场不仅无利可图，还要承担股价转势下跌的风险。那么自然而然，买家就会减少。

尽管在这时候卖方醒悟过来，开始售出筹码，警惕的买家也不愿意大批量买进了，这是量缩价平保持延续的原因之一。

当然，并不是所有情况都像这样，在很多时候量缩价平也是由于双方的交易欲望都在降低导致的。

还有一种情况，那就是主力的参与。在很多时候，市场中的主力会在上涨阶段的拉升过程中进行浮筹的清理和震仓，导致股价进入横盘整理状态。这里的整理是为了后续能够更好地拉升而形成的，其实跟散户的关系没有那么大。在股价横盘，成交量缩减的过程中，大部分投资者还是会跟随主力保持观望，这就导致了量能持续下跌。而股价没有下跌，则大概率是由于主力在维持。

同理，在下跌阶段中形成的量缩价平，也可能是主力为了将被套筹码甩出，或是为了进行更多的操作，将股价暂时维持在一个稳定区间内而形成的，市场中的投资者其实也是在被动跟进。

这两种情况都有可能导致量价形成量缩价平，但在实际操作中还是要具体分析。究竟未来是可能上涨还是下跌，还是要取决于股价当前所处的行情位置及主力的意图。

下面来看一个具体的案例。

应用实例

格林美（002340）行情高位的量缩价平

图 1-14 为格林美 2021 年 6 月至 2022 年 1 月的 K 线图。

从图 1-14 中可以看到，格林美的股价正处于上涨行情的高位。2021 年 6 月中旬到 6 月底，股价还在 10.00 元价位线下方进行小幅的横向震荡。直到进入 7 月后，股价才在成交量的放量支撑下快速上涨，短短数日内就冲上了 12.00 元价位线，并在 7 月 13 日创出 12.46 元的阶段新高。

但在此之后，成交量量能一落千丈，股价在失去推动力的情况下也随之下滑，但 11.00 元价位线给予了有力的支撑，股价落到该价位线附近后便形成了一段时间的横盘。

7月中旬，股价再次上冲，成交量也再次放大，二者在互相配合下共同上扬，很快股价便突破了前期高点，来到了接近13.00元的位置。但好景不长，股价很快力竭下滑，成交量再次形成缩减。

如果投资者将这一次股价上穿过程中成交量的高点与前期对比，可以很明显地发现，成交量的波峰是呈下降状态的。而股价却在后面一次的上冲中突破了前期高点，二者初步形成了量缩价涨的背离。通过之前解析过的案例，投资者可以知道，这是股价推动力不足的表现，买盘积极性降低，后市可能即将进入回调或横盘之中。

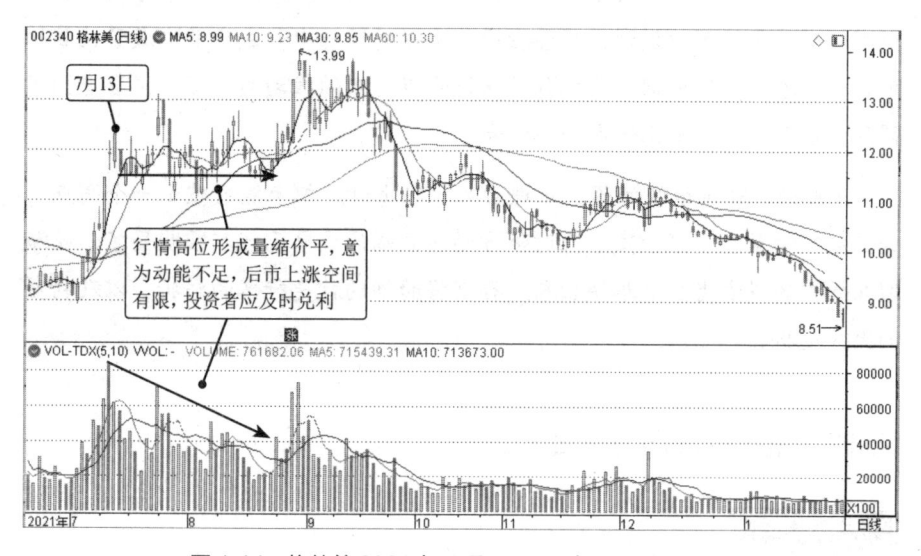

图1-14 格林美2021年6月至2022年1月的K线图

继续来看后面的走势。股价在跌至11.00元价位线附近后再次得到支撑，形成了横盘走势。8月初，成交量又一次放量推动股价上涨，但这次股价未能突破前期高点，反而是在13.00元价位线下方不远处就受到压制回落，并且回落的低点还处于11.00元价位线附近。反观成交量，同样相较于前期形成了缩减。

此时将时间拉长来看，从7月中旬股价第一次到达12.00元价位线附近开始，到8月下旬股价再次跌回11.00元支撑线为止。在这段时间内，无论股价如何上冲或震荡，其整体始终维持在11.00元到13.00元。与此同时，成交量则表现出了高点一次比一次低的走势，与横向震荡的股价之间形成了明显的量缩价平形态。

结合股价前期长时间的上涨，以及量缩价平形成初期成交量缩减、股价上涨的表现来看，此时的价格位置已经比较高了，后市的上涨空间可能并不大。若投资者已经在前期的上涨中获得了足够的收益，及时出局是比较好的选择，若投资者还想继续持仓，那么一定要保持谨慎。

从后续的走势可以看到，在股价跌回11.00元价位线后，很快便再次形成了上涨。此次上涨终于突破了13.00元价位线的压制，看似形势大好。但观察成交量量能可以发现，尽管在股价上涨的过程中，成交量形成了放量的配合，但量能峰值依旧不及以往。这说明市场中的推动力并不如投资者预想得那么强劲，是一个比较危险的信号。

9月初，股价很快回落，止跌后又一次上升，但未能突破上一个高点，并且成交量量能明显缩减。此时多方动能衰竭的迹象已经非常明显了，还滞留在场内的投资者应当尽快出局，否则将面临的就是行情的转折，以及利益的大幅度折损。

No.08　量平价涨动力不足

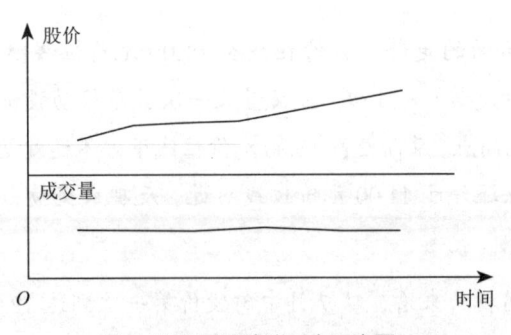

一图展示

图1-15　量平价涨形态示意图

知识精讲

量平价涨形态指的是当成交量在某一段时间内呈现走平状态时，股价却开始向上攀升，二者产生背离。

量平价涨形态与前面介绍过的量缩价涨形态含义比较类似，价格的上涨意味着买盘在不断抬价，走平的交易量则意味着市场中有卖盘愿意出手，但无法彻底满足需求，整体依旧是处于供小于求的状态。

一般情况下，这种形态都会随着股价的不断上涨、入场成本的不断增加而导致买盘逐步减少，进而形成股价涨速减缓，最终转为走平甚至下跌的状态。也就是说，量平价涨常常是股价即将下跌的征兆。

这样看来，量平价涨似乎与量缩价涨的形成原理一致，不过量平价涨的形态更为缓和，威胁性没有那么高，但投资者依旧不能忽视。

还有一种特殊情况，如果将主力的操盘行为考虑进去的话，那么上涨初期或是拉升初期形成的量平价涨，就不是常见的卖出信号了。

这一点同样与量缩价涨类似，如果主力手中筹码足够多，那么无须太大的交易量就能将价格拉到比较高的位置，同样会形成量平价涨的形态。这是主力看多该股的表现，后市很大概率会形成一波大幅上涨，如果投资者足够敏锐，会抓时机，那么还是有机会大赚一笔的。

不过，并不是所有投资者都能够准确分辨主力意图和行情走向。因此，投资者在遇到量平价涨形态时，最好还是保持谨慎，能保住收益的，还是先行将其落袋，后市再看情况买卖。

下面来看一个具体的案例。

应用实例

大博医疗（002901）行情高位的量平价涨

图1-16为大博医疗2020年4月至9月的K线图。

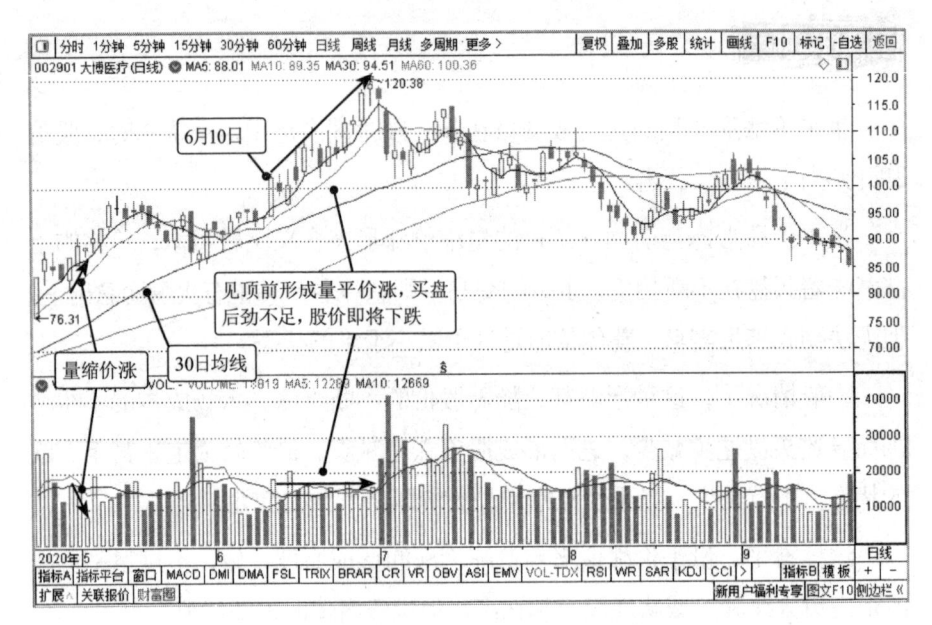

图 1-16　大博医疗 2020 年 4 月至 9 月的 K 线图

　　从 K 线图中可以看到，大博医疗的股价正处于上涨行情的高位。4 月到 5 月中上旬，股价还在均线组合及成交量的推动下稳定上涨。在 4 月底之前，成交量保持放量状态，但在 4 月底股价进行了一次短时间的横盘整理后，量能就开始有所缩减了。与此同时，股价却还在上涨。量缩价涨的背离意味着上涨动能不足，股价即将进入横盘或下跌，谨慎的场内投资者应当选择合适的位置兑利出局。

　　果然，在进入 5 月中旬，股价小幅越过 95.00 元价位线后，便在 100.00 元价位线下方受到压制，形成了横向的盘整。随着时间的推移，股价的震荡一路跌破 90.00 元价位线，随后在 30 日均线上得到支撑，在此止跌后，便开始了再次的上涨。

　　股价很快回升到了与前期相当的位置，在该位置附近横盘数日后，于 6 月 10 日收出一根大阳线一举突破到了更高的位置，随后便进入了震荡上涨。

　　但在股价后续的上涨过程中，成交量并没有随之形成相应的放量。仔细观察可以发现，量柱的高点在一段时间内都处于比较相近的位置上，整体形成了走平，与股价之间产生了量平价涨的形态。

在此之前，该股已经连续上涨了相当长的时间，并且市场中活跃的投资者非常多，基本可以排除主力控盘程度高的可能。那么，在股价上涨过程中形成的量平价涨，就是一个危险信号了，代表股价即将进行又一次的回调，或是直接转入下跌行情，这两种可能都是存在的。因此，谨慎的投资者可以先行离场，惜售的投资者可以再观察一段时间。

从后续的走势可以看到，股价在6月底创出120.38元的新高后，就转向了下跌之中。并且在下跌的前两个交易日，成交量量能出现了明显的放大，这很可能是主力出货的表现，场内投资者此时就应当快速跟随出局。

No.09　量平价跌市场转势

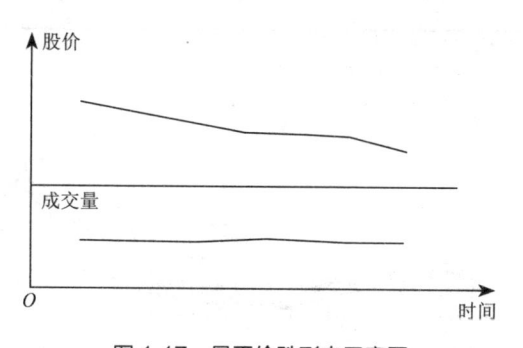

一图展示

图1-17　量平价跌形态示意图

知识精讲

量平价跌形态指的是当成交量在某一段时间内呈现走平状态时，股价形成了下跌的走势，二者产生背离。

量平价跌与量平价涨相反，这是一种供大于求的表现。同样是买卖双方不对等，但量平价跌形成过程中的卖盘显然更为急切，挂单量也更大，买盘则更多地持观望态度，承接者不多。

在这种情况下，股价的下跌速度并不会太快，基本是呈震荡式一步一步下跌的，留给投资者的反应时间比较充足。

量平价跌是股价已经见顶或是阶段见顶后形成的，在此之前，股价还可能出现量缩价涨、量平价涨之类的预警信号。如果投资者能将这些形态结合起来，就能够相对准确地得出股价即将下跌的结论，也就可以提前离场，将收益落袋为安。

下面来看一个具体的案例。

应用实例

新纶新材（002341）上涨初期的量平价跌

图 1-18 为新纶新材 2021 年 2 月至 7 月的 K 线图。

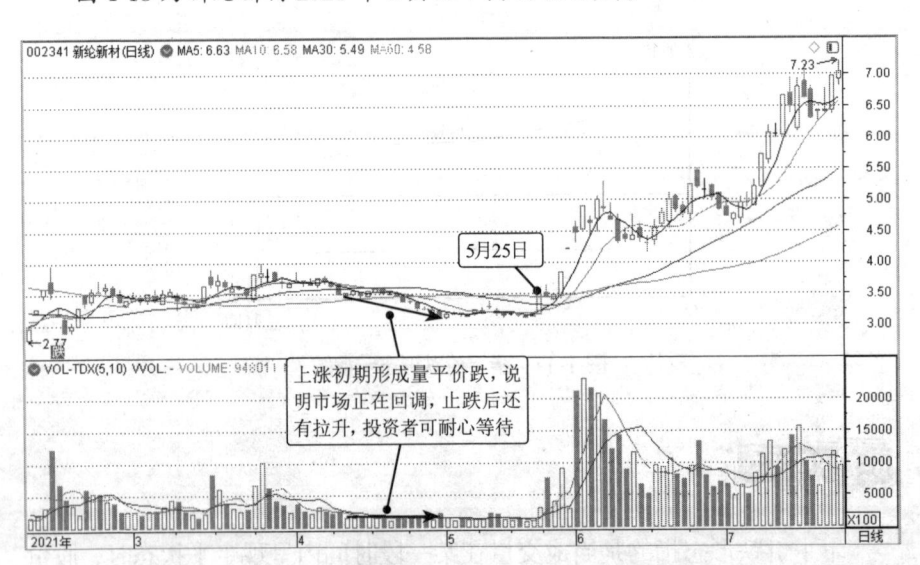

图 1-18　新纶新材 2021 年 2 月至 7 月的 K 线图

从图 1-18 中可以看到，新纶新材的股价正处于上涨过程中。2 月到 3 月中下旬，该股价的股价在震荡中逐步上涨，均线组合也承托在其下方。

不过，在股价上升的过程中，成交量跟随股价的震荡而产生了一定的波动，但整体来看，可以发现其量能还是有所回缩的，二者形成了量缩价涨的警告形态。

3月底，股价在上涨到接近4.00元价位线附近后，成交量提供的动能不足，量能在回缩的同时，股价也出现了横盘后的下跌。结合前段时间量价之间量缩价涨的背离形态来看，基本上可以判断出股价即将进入回调之中，谨慎的投资者可以提前出局了。

股价阶段见顶后，第一波下跌速度不快，成交量与股价一同下滑。在股价跌至3.50元价位线附近并形成横盘后，成交量也已经下降到了一定的位置，二者暂时保持住了量平价平的状态。

4月中下旬，股价再次下滑，并且此次的下跌速度明显加快。但观察成交量可以发现，在股价快速下跌的同时，成交量量能却没有继续回缩，而是保持在一定的高度横向运行，二者形成了量平价跌的形态。

在股价上涨的过程中形成量平价跌，并且前期还有量缩价涨的预警信号，这就意味着股价正在进行回调。这里之所以不将其判断为可能的行情转折，是因为在2021年1月初，股价才从前期长达数年的下跌中恢复过来，开始上涨，量平价跌形成的位置实际上是上涨初期。

因此，股价此处大概率形成的是回调。那么，短线投资者就可以先行出局观望，中长线投资者则可以留在场内并保持关注，待到股价回调结束开始回升时，投资者就可以再次入场或适当加仓了。

从后续的走势也可以看到，股价在4月底跌至3.00元价位线附近后，又开始了横盘整理。一直到了5月25日，股价才以一根涨停大阳线向上突破整理区间，开启了下一波拉升。这就是短线投资者的入场机会，以及中长线投资者的补仓点了。

二、开盘、盘中与尾盘的成交量形态

成交量除了会在 K 线图中出现，其在分时图中也有相应的表现。分时图中成交量的表现形式基本与 K 线图中的成交量一致，同样具有放量、缩量、走平等形态。将其与股价线相结合，就能快速对当天的股价走势进行大概的判断，为希望在当天进行买卖的投资者提供参考。

由于一个交易日的交易时间只有 4 个小时，因此，人们常常会对股价线运行的时间进行分段，主要有开盘、盘中和尾盘。其中，开盘往往指的是开盘前几分钟或是前半个小时内，尾盘则是交易时间的最后半个小时，盘中就是除了开盘和尾盘之外的时间。

下面就来看看分时图中不同时间段内成交量与股价线之间的关系。

No.10　开盘天量推涨形态

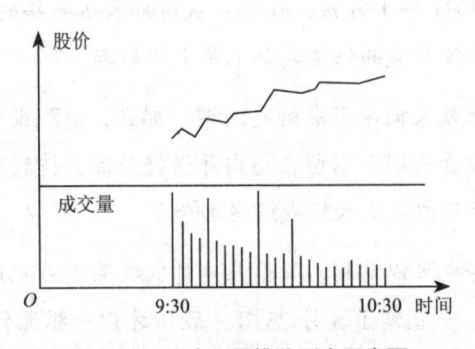

一图展示

图 1-19　开盘天量推涨形态示意图

知识精讲

开盘天量推涨形态指的是成交量在开盘后前几分钟，或是在开盘后半个小时内，形成了一根或数根天量量柱，并为股价提供了强劲的推动力，导致股价线震荡或是斜线上涨，整体表现积极。

仅仅从分时图中量价的走向就可以看出，这是市场高度看多后市，买盘积极追涨的表现。而其中突兀形成的天量量柱，很可能是主力在出手，旨在将股价快速上推。最终的结果就是股价当日形成一根大阳线。

不过，仅仅靠一根大阳线是不足以判断股价未来走势的，投资者还需要结合股价当时所处的行情位置来判断。

若是开盘天量推涨形态出现在拉升初期或是拉升过程中，那么其含义毋庸置疑，就是股价积极上涨的表现。

若是开盘天量推涨形态出现在接近行情顶部的位置，投资者就要警惕了，这可能是主力的诱多行为。在此处构筑开盘天量推涨形态，目的是误导投资者，使其认为还有上涨空间，进而大量买进，不知不觉间就将主力散出的筹码接收了。主力达到出货目的后，随时可能出局导致行情转向。

因此，投资者不要一看到开盘天量推涨形态就建仓买进，最好耐心细致一些，确定当前行情大致情况后再决定是否买卖，这样更为稳妥。

下面来看一个具体的案例。

应用实例

江特电机（002176）开盘天量推涨形态分析

图1-20为江特电机2021年7月29日的分时图。

从分时走势中可以看到，江特电机在7月29日这一天是以比较高的价格开盘的，这就说明在正式开盘之前的集合竞价阶段，买方追涨热度非常高，或者说是主力推涨的意愿较强，这才使得股价高开。

股价的高开奠定了当日的情绪基调，在开盘后第一分钟，成交量就形成了一根天量量柱，将股价上推到了均价线上方，形成开盘天量推涨形态。尽管在后续量能大幅回缩，导致股价震荡，但其始终维持在均价线上方，并在成交量再次放量后快速上冲，在开盘后半个小时的时间内，被又一根天量量柱推到了涨停板上。

在随后的半个小时内，股价开板交易了一段时间，但很快又被放大的量能推回封住，直到收盘都没有再打开。该股当日形成了一根涨停大阳线，再加上开盘天量推涨的形态，当日股价的表现是非常积极的。

不仅如此，在K线图中，7月29日正是股价拉升的途中，在这样的位置形成的开盘天量推涨形态，无疑是强烈的买进信号。此时，投资者就可以选择合适的时机买进。

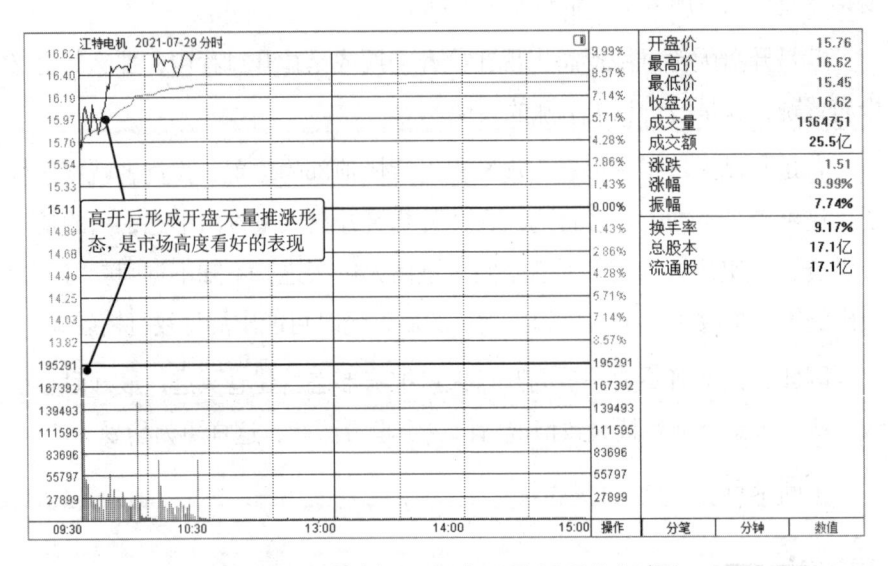

图1-20　江特电机2021年7月29日的分时图

No.11　盘中缩量下滑形态

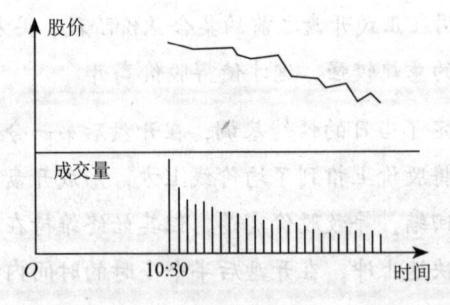

一图展示

图1-21　盘中缩量下滑形态示意图

知识精讲

盘中缩量下滑形态指的是股价开盘后运行的过程中，成交量长时间维持着缩量状态，可能是滑坡式缩量，也可能是阶梯式缩量。与此同时，股价也呈现出消极的下滑走势，整体表现不太乐观。

一般来说，形成这样的走势，是市场不看好后市走向的表现，也有可能是主力出手在压制价格，希望借此清洗浮筹，达到整理的目的。更具体的情况还需要结合股价当时所处的位置来判断。

不过，盘中缩量下滑形态最常出现的位置还是在下跌过程中，或者股价见顶后转势向下的阶段，表示的是股价继续下跌或转折的含义，后续几个交易日连续下跌的概率比较大。

对于短线投资者来说，在发现这样的形态后可以先行卖出，保住收益。对于中长线投资者来说，如果判断出这是股价上涨过程中的回调，那么可以按兵不动；如果判断出这是在下跌过程中的弱势表现，就要尽早出局，及时止损。

下面来看一个具体的案例。

应用实例

永兴材料（002756）盘中缩量下滑形态分析

图 1-22 为永兴材料 2022 年 8 月 23 日的分时图。

从分时走势中可以看到，永兴材料在 2022 年 8 月 23 日这一天是以低价开盘的，说明在集合竞价阶段，市场就已经表现出了颓势。

在股价开盘后前几分钟，成交量形成了数根天量量柱，短时间内将股价向上推到了前日开盘价以上，但就在量能回缩的同时，股价也出现大幅下滑，很快便落到了均价线和前日收盘价以下。

在后续的交易时间内，成交量在缩减后也出现了不断的上下震荡，但从其高点来看，量能整体是处于缩减状态的，在早盘时间内观察，这种状态更为明显。

同一时期内，股价也形成了锯齿状的下跌，并且与均价线的距离越拉越大。这就意味着市场中看跌的情绪浓厚，卖盘在大批量出手，量价形成了盘中缩量下滑形态。

尽管在下午时段，股价有所回升，但成交量没有提供足够的支撑力，股价向上运行接近了均价线，但还是未能突破。因此，当日股价收出了一根跌幅达到 5.16% 的大阴线，整体颓势明显。

而从 K 线图中来看，此时股价正处于下跌过程中的反弹高位，并且 8 月 23 日的前一个交易日股价还在上涨。

这就说明股价当前的位置是反弹的转折点，结合盘中缩量下滑的形态，投资者基本上可以判断出股价未来大概率会继续下跌。那么，此时就可以选择合适的位置出局。

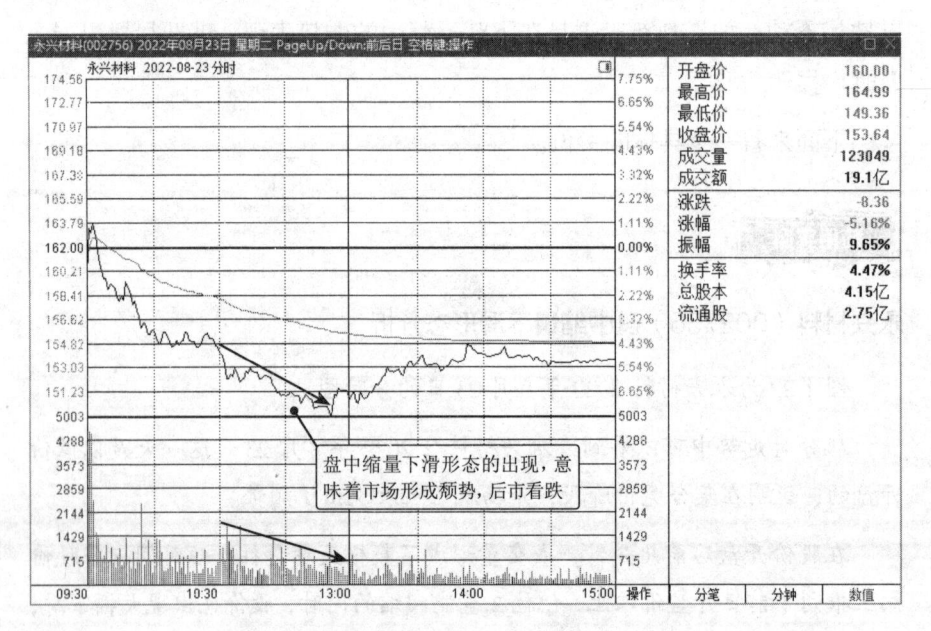

图 1-22　永兴材料 2022 年 8 月 23 日的分时图

No.12 尾盘疾冲涨停形态

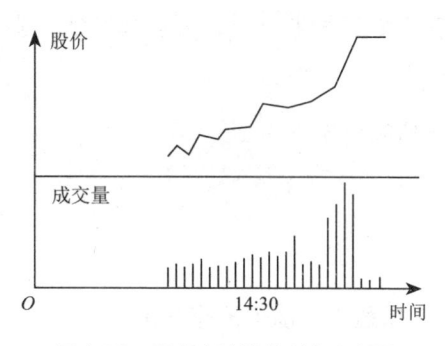

一图展示

图 1-23 尾盘疾冲涨停形态示意图

知识精讲

尾盘疾冲涨停形态指的是股价在盘中运行时，无论是价格还是成交量，都呈现出相对平稳的状态，股价可能缓慢下滑，也可能逐步上涨。但在进入尾盘后，成交量突然放出巨大的量能，将股价斜线上推，迅速冲到了涨停板上封住，直至收盘。

这种形态相较于前面介绍的两种分时量价形态来说，变动幅度较大，变化速度也很激烈。如果股价前期运行平缓，那么突然出现的巨量涨停，基本上可以确定是主力的手段，其目的要根据股价当前位置来判断。

若股价当前处于上涨阶段中或是拉升初始，那么尾盘疾冲涨停形态的出现，就可能是主力急于将价格拉到高价区域，避免更多散户抢筹。在这种可能性下，股价后市面临的将是非常积极的上涨，激进的投资者可以建仓跟进。

但如果股价当前处于行情高位，尤其是行情顶部，那么尾盘疾冲涨停形态传递的就是一种高危信号了。

这是因为在接近顶部时，主力准备出货或是已经开始出货了，为了促使更多买盘涌入市场承接自己散出的筹码，主力会营造出后市向好的假象。那么这里的尾盘疾冲涨停形态就是一种多头陷阱，后市股价非但不会上涨，反而随时会下跌。

因此，投资者在遇到这种形态时，要谨慎判断，避免因为冒进而损失更多的资金。

下面来看一个具体的案例。

应用实例

贵绳股份（600992）尾盘疾冲涨停形态分析

图1-24为贵绳股份2022年9月8日的分时图。

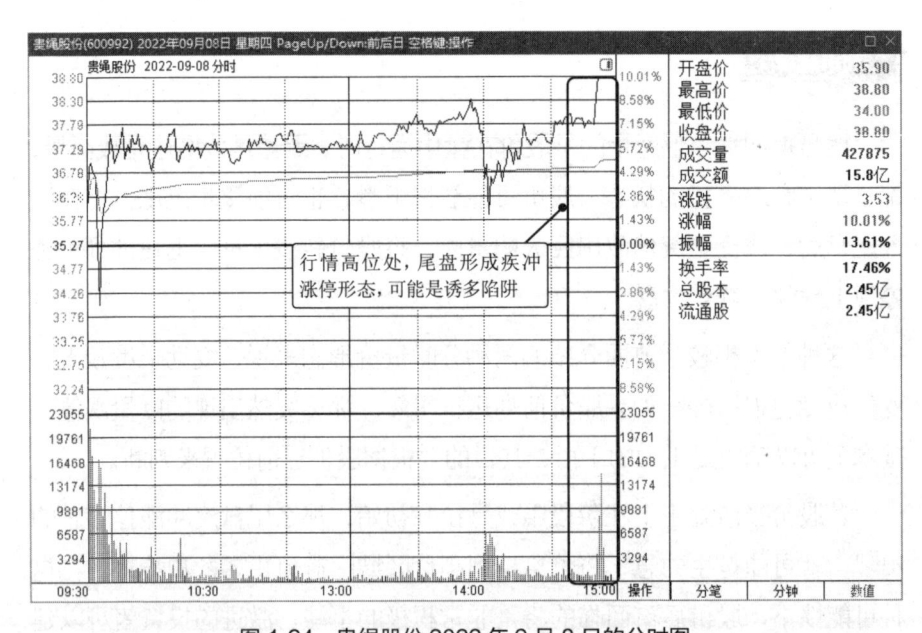

图1-24　贵绳股份2022年9月8日的分时图

从分时走势中可以看到，贵绳股份在2022年9月8日这一天是以高价开盘的，尽管在开盘后成交量出现了巨量，但股价并未朝着某一方向持续运行，而是在小幅上冲后就形成了急速的下跌，股价在跌破均价线和前日收盘价数分钟后又急速上冲，最终来到了均价线以上，开始平稳震荡运行。

很明显，开盘前几分钟股价和成交量的表现十分异常。而此时在 K 线图中，股价处于高速上涨的过程中，在前几个交易日已经出现了数个涨停，当前位置还是比较高的。

因此，此时投资者可以大胆判断，开盘前几分钟量能异常形成的原因，很可能是主力在大批量出货后导致股价急跌，但很快又出手挽回，让价格回到高位，营造出行情涨势未尽的状态。散户在没有被这短暂的下跌吓住的情况下，还是会继续买进或待在场内的。

在经过长时间的缓慢上涨状态后，14:00 前后，成交量再次放大，股价又一次形成了突兀的下跌，但一段时间后又恢复到了高位，与开盘后形成的走势非常相似。很显然，这大概率又是主力的一次出货行为。

在进入尾盘后，数十分钟内成交量和股价都表现平稳。但在接近收盘的数分钟内，成交量突然急剧放大，导致股价斜线上冲，直接被封到了涨停板上，直至收盘，形成尾盘疾冲涨停形态。

此时，投资者结合股价当前所处的位置，以及 9 月 8 日这一天主力疑似出货的行为来看，大致可以判断出这里的尾盘疾冲涨停形态是主力构筑的一个多头陷阱，其目的是出货，后市非常危险。因此，投资者最好不要在此处建仓。

三、分时图中成交量的特殊用法

除了前面介绍的成交量常规放量、缩量、天量等情况以外，在某段时间内或是某些时刻，成交量聚集或单独展示时，还会出现一些比较特殊的形态，比如攻击量、冲板量、对倒量等，其用法相较于普通情况下，也比较特别。

下面就针对这几种特殊的成交量用法进行解析，如果投资者在实际操作中遇到了这些特殊形态，要学会辨别和使用。

No.13 攻击形态放量

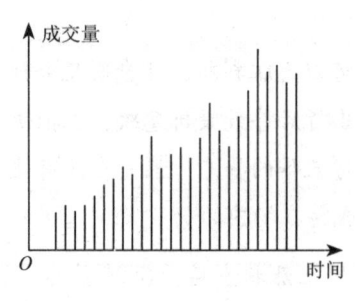

一图展示

图 1-25 攻击形态放量示意图

知识精讲

攻击形态放量指的是成交量在某一段时间内，出现了集中的持续性放量，呈现出横向和纵向的双向放大，整体来看，就像一座由成交量柱构成的山峰。

攻击形态放量，顾名思义，是一种比较剧烈、强势的量能状态，那么，其对应的股价也可能形成比较剧烈的变动。变动的方向可以是向上，也可以是向下，不过这两种情况代表的含义是截然不同的。

◆ 股价向上

如果股价在成交量呈现出攻击形态放量时快速上涨，那么量与价之间形成的就是积极的配合状态。股价上涨速度越快，意味着市场的看多情绪越浓厚，未来行情继续上扬的可能性就越大。

当然，投资者还是要注意股价当前的位置。若是在上涨过程中自然最好；若是在反弹过程中或是接近行情顶部的位置，那么投资者还是要保持谨慎，买进后一旦发现下跌迹象，就要及时出局。

◆ 股价向下

如果股价在成交量呈现出攻击形态放量时出现了下跌，那么量与价之间形成的就是反向的背离状态。也就是说，成交量的放大是在下压股价，场内卖盘降价力度很大，后市走势不容乐观。

这种情况常出现在下跌过程中，以及股价见顶后的转折过程中，传递的是短时间内行情将保持下跌的信号。但如果这种背离形成于下跌末期，或者是上涨初期，就可能是主力在压价吸筹，未来股价可能会出现一波拉升，属于积极信号。因此，投资者需要具体情况具体分析，确定局势后再做决定。

下面来看一个具体的案例。

应用实例

钧达股份（002865）攻击形态放量分析

图 1-26 为钧达股份 2022 年 7 月 14 日的分时图。

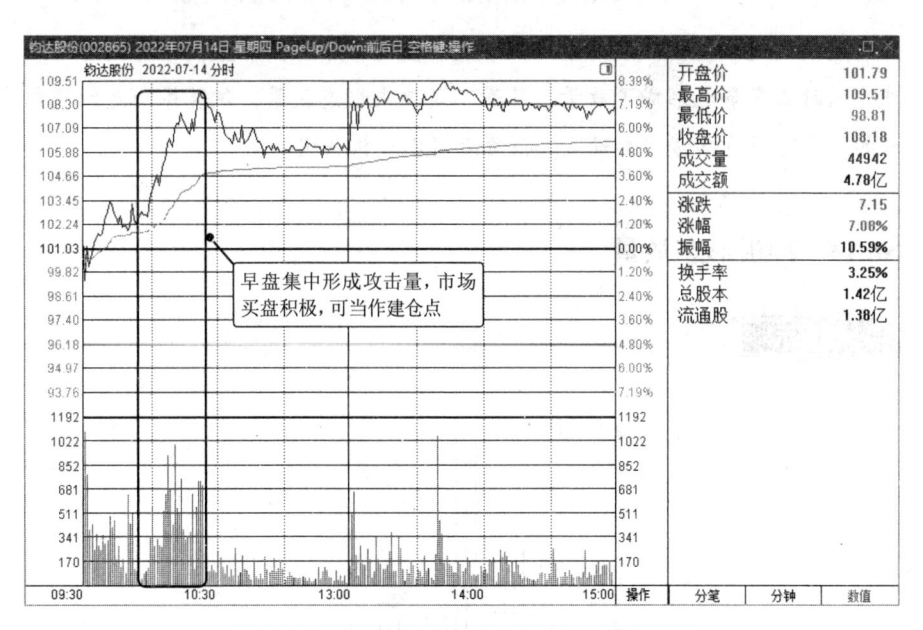

图 1-26　钧达股份 2022 年 7 月 14 日的分时图

从分时走势中可以看到，钧达股份在 2022 年 7 月 14 日这一天是以稍高于前日收盘价的价格开盘的，但在开盘后第一分钟便跌到了前日收盘价以下，最后反复震荡了一段时间，最终还是回到了其上方。

经过了前几分钟的角逐，原本放大的成交量开始缩减，落到了比较低的位置。但不久之后，量能又开始放大，尤其是在 10:00 之后，量能放大的集中性和持续性非常明显，横向和纵向都有延伸，形成了攻击形态放量。

在成交量放大的过程中，股价也形成了积极的上涨。10:00 到 10:30，股价表现非常优异，短短数十分钟内就从 103.45 元以下上升至 108.30 元以上，涨幅非常可观。

而在 K 线图中，此时股价也正处于拉升阶段的初始位置，未来上涨空间很大。再结合分时图中的量增价涨的配合，投资者可以将这里的攻击形态放量认定为一个买进时机。

从当天后续的走势来看，股价在冲过 108.30 元后，形成了回调，但很快便在 105.88 元价位线附近得到了支撑，形成了一个入场成本比较低的买点。

股价围绕该价位线震荡了一段时间，直到下午时段开盘，才再次开始上冲，同时成交量也形成了放量，尽管不是攻击形态放量，但整体还是比较积极的。此时股价涨势更加确定，投资者可以趁机买进。

No.14 冲板形态放量

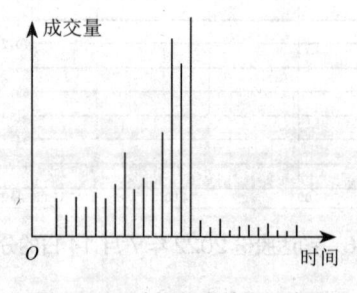

一图展示

图 1-27 冲板形态放量示意图

知识精讲

冲板形态放量指的是股价在盘中运行时，某一时刻或某一段时间内，成交量突然大幅度集中放量，形成一根或多根天量量柱，将股价直接推到了涨停板或跌停板上封住，在封板后，量能又形成极度缩减的状态。

冲板形态放量是一种非常典型的主力式量能形态，毕竟要在短时间内聚集如此庞大的交易量，散户是很难达到的。那么，主力冲板又有什么目的和意图呢？

这主要看股价所处的位置和涨跌停情况而定。这其中比较典型的就是拉升途中的涨停和下跌过程中的跌停，这两种情况是比较常见的，传递的信号也很明确。

还有两种情况就是阶段高位或是行情高位的涨停，以及下跌末期的跌停。这两处形成的冲板量，意义基本与攻击量相似，前者是主力诱多的行为，后者则是压价吸筹的行为，操作策略与攻击量是一样的。

下面来看一个具体的案例。

应用实例

西藏矿业（000762）冲板形态放量分析

图 1-28 为西藏矿业 2021 年 8 月 13 日的分时图。

从图 1-28 中可以看到，西藏矿业在 2021 年 8 月 13 日这一天是以低价开盘的，但在开盘后，股价就出现了急速的上冲，迅速跃过了均价线和前日收盘价。伴随着随后成交量的持续放量，股价几乎呈斜线一路冲到了涨停板上。

在股价接触到涨停板的那一分钟，成交量形成了一根量能极大的天量量柱，在原本已经很大的量能基础上翻了数倍。正是这一根巨大的量柱，将股价推到了涨停板上。后续股价开板了几分钟，不过很快又回到了涨停板上，在接下来的交易时间内都被封住，直至收盘。

在这个过程中，成交量随着股价的封板也出现了极度的缩量，与前期的天量量能结合，形成了典型的冲板形态放量。而量能的缩减是因为股价在到达涨停板后涨无可涨，大量的买单堆积在涨停价上无法消化，卖单比较稀少的情况下，量能自然也就缩减了。

在K线图中，股价此时正处于上涨过程中回调后继续拉升的起始位置，前期股价表现良好，再次开始拉升前又形成积极的涨停，就意味着未来的上涨空间较大。投资者可以在后续的交易日中择机建仓，抓住涨幅。

图1-28 西藏矿业2021年8月13日的分时图

No.15 对倒形态放量

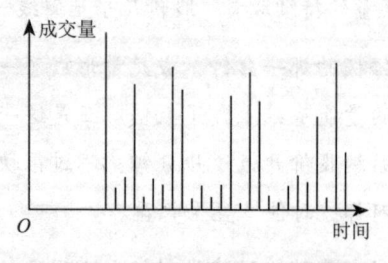

一图展示

图1-29 对倒形态放量形态示意图

知识精讲

对倒形态放量指的是成交量在盘中并没有出现明显的集中放量或集中缩量情况，而是无规律地形成稀疏的大量柱，常常出现上一分钟形成巨量，下一分钟又急速缩减的情况，其形态像一把断齿的梳子。

对倒量其实不太常见，尤其是在平均交易量比较大的个股中，很少会见到大片的对倒量。因为要维持这样的状态，对主力的控盘程度要求很高，并且付出的成本也会很大。

一般来说，主力会在震仓、出货等时机构筑对倒量，一是将自有筹码相互转换，影响股价变动方向；二是迷惑散户，让人无从知晓后市走向。

因此，一般情况下的对倒量都不是介入的信号，投资者在遇到时可以保持观望，也可以先行出局，但最好不要跟风买进，避免被套。

下面来看一个具体的案例。

应用实例

赤峰黄金（600988）对倒形态放量分析

图1-30为赤峰黄金2020年8月25日的分时图。

从图1-30中可以看到，赤峰黄金在2020年8月25日这一天是以低价开盘的，开盘后成交量在第一分钟形成了放量，但很快便开始逐步回缩。股价受其影响，长时间在均价线附近震荡。

早上，股价与均价线的距离非常近，上下波动的范围不大，几乎呈缓慢下跌状态。观察成交量可以发现，量能在某些时刻形成了突兀的缩放，形似对倒量，但不太明显。不过，股价整体的走势确实不太明朗，投资者应注意观察。

进入下午后，前几分钟内成交量还保持着低位运行，但在13:10之后，量能就开始重复放大、缩小的过程，在近半个小时内，形成了明显的对倒量。

与此同时，股价加快了下跌速度，但下跌并不稳定。13:40 之后，量能急剧放大，直接将股价急速下拉到了比较低的位置。但数分钟后，价格又有所回升，整体来看，股价走势飘忽不定。

而在 K 线图中，股价此时正处于行情高位的横盘波动过程中，在此时形成对倒量和飘忽不定的股价走势，就很有可能是主力的操盘行为了。其目的无非是迷惑散户进行诱多，以及趁机出货。因此，投资者此时要保持谨慎，不可轻易入场。

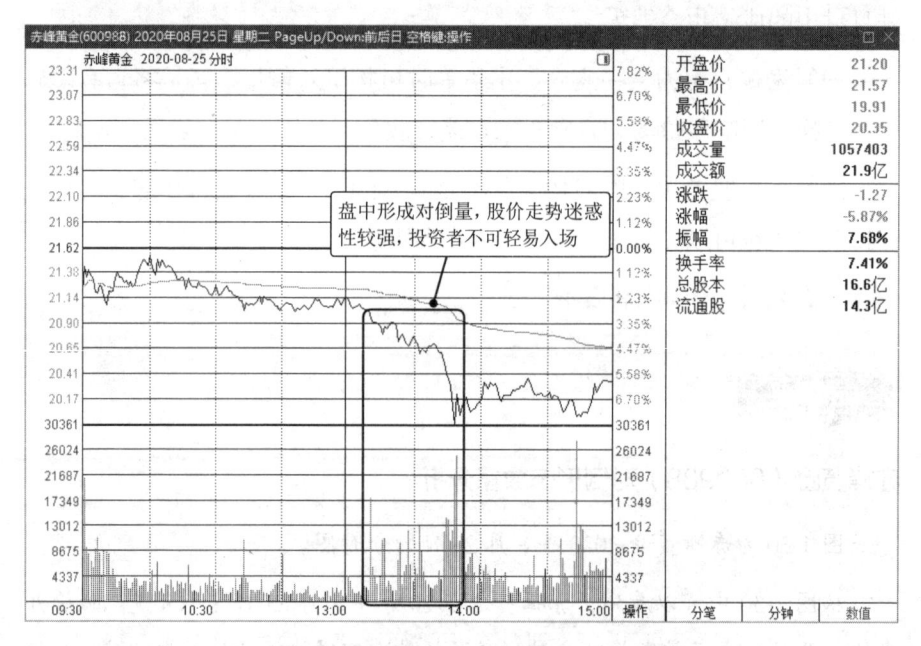

图 1-30　赤峰黄金 2020 年 8 月 25 日的分时图

第二章

研判市场整体趋势：均线

　　均线全称为移动平均线，是除了成交量以外，投资者最常使用的技术指标之一。它既能够揭示行情的变动趋势，也能够代表不同时期内市场的持仓成本。利用移动平均的概念，借助均线指标可帮助投资者进行趋势的大致判断，从而寻找到确切的买卖点。因此，均线已经成为投资者必学的技术分析对象。

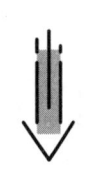

一、均线上攻形态解析

一般来说，在 K 线图中经常使用的是 5 日均线、10 日均线、30 日均线和 60 日均线的组合，但有些时候也会使用单根均线。而均线的上攻形态，指的就是均线组合排列、交叉形成的一系列代表股价上涨的形态，以及均线与股价之间互相交叉产生的看多形态。

通过对这种形态的学习和分析，投资者不仅能够实现对均线的基础应用，还能够借助均线寻找到市场中合适的买点，为投资决策提供参考。

No.01　葛兰威尔买卖法则的买点

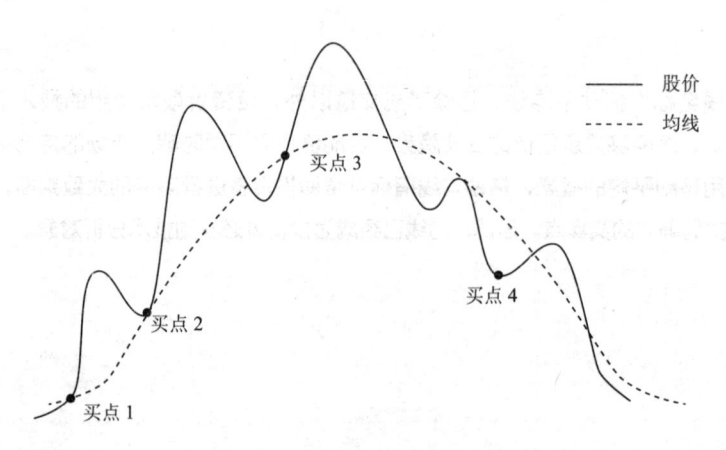

一图展示

图 2-1　葛兰威尔法则买点示意图

知识精讲

葛兰威尔既是均线的发明者，也是均线的研究者。他以均线和波浪理论为基础，总结出了一个完整的涨跌周期中的八大买卖点，这八大买卖点都是基于单条均线（具体周期视投资者自身持股周期而定，可长可短）与股价之间的交叉和位置关系来判断的。

其中，有四个买点和四个卖点，本节将重点介绍葛兰威尔买卖法则中的四个买点，也就是四大买入法则。

在一个完整的涨跌周期中，有三个买点存在于上涨行情中，一个买点则存在于下跌行情中。根据波浪理论和均线的结合，再通过图2-1，投资者可以很明显地看到买点所处的位置。

买点1是股价从相对低位上升后突破均线上涨的位置；买点2是股价回调踩在均线上并受到支撑的位置；买点3是股价小幅跌破均线后止跌回升，突破均线再次上扬的位置；买点4则是下跌行情中股价向下远离均线形成偏离，在某一时刻止跌开始反弹的位置。

在不同的买点入场，投资者能够赚取的收益也有所差异，这主要跟股价的上涨空间有关。很明显，在上涨行情中买进的风险较低，收益回报也比较高，也就是说，投资者应尽量选择买点1、买点2和买点3入场。

很明显买点4就是抢下跌途中的反弹。对于经验丰富的投资者来说，买点4也是一个非常好的介入点。但对于大部分普通投资者来说，买点4固然有诱惑力，但面临的风险也会增加不少，如果要介入，就一定要谨慎小心，一旦股价有回归下跌的趋势，就要立刻卖出。

下面通过一个完整的涨跌周期来分析这四个买点的情况。

应用实例

奥克股份（300082）30日均线分析葛兰威尔法则买点

图2-2为奥克股份2021年4月至2022年1月的K线图。

从图2-2中可以看到，这是从奥克股份一个非常大的涨跌周期中节选的一部分，它是嵌套在大周期中的一个小周期，投资者同样可以借此来分析葛兰威尔买卖法则中的四个买点。

2021年4月底到5月初，股价还一直维持在30日均线以下运行，同时

30日均线也是向下移动的。这说明在前段时间股价产生了一定程度的下跌，整体跌落到了相对低位。

5月上旬，股价开始在成交量的支撑下缓慢上涨，很快于5月中旬成功突破了30日均线站到其上方，此时就形成了一个买点1。

在突破30日均线后，股价持续上扬，很快于6月初时接近了15.00元价位线。但好景不长，股价在此受到压制后形成了快速的回调。6月中旬，股价回调至30日均线附近受到支撑震荡了一段时间，并且没有出现明显的继续下跌迹象，此时买点2也就形成了。

买点2形成后不久，6月下旬，成交量再次放量，股价又一次向上运行，离开了30日均线，更加确定了买点2的形成。

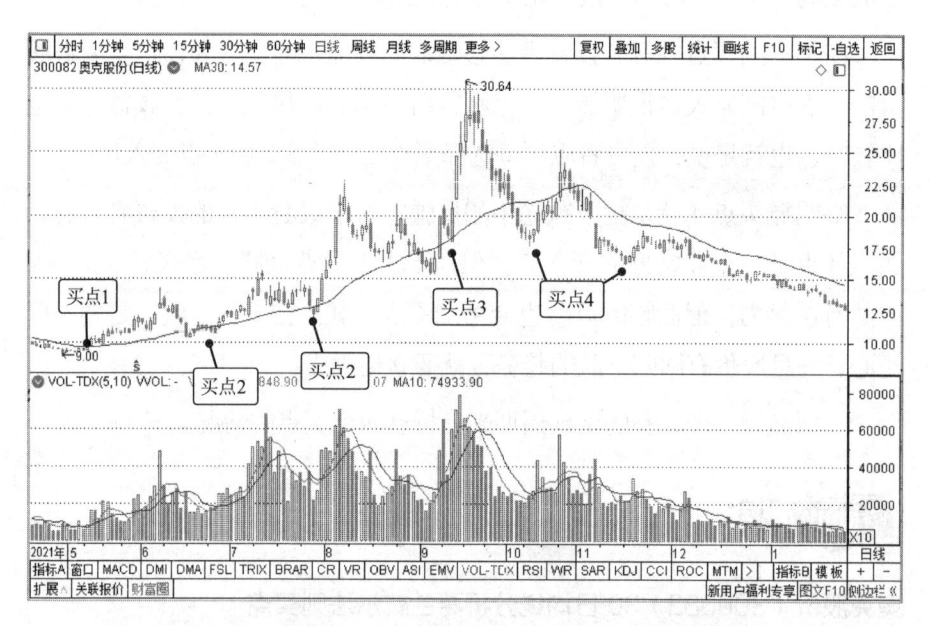

图2-2　奥克股份2021年4月至2022年1月的K线图

继续来看后面的走势。7月中上旬，股价向上接近并小幅越过了15.00元价位线，但此处依旧存在着一定的压力。股价在其下方震荡一段时间后，终究还是跌落到了30日均线附近，并受到支撑，于7月下旬又形成一个买点2。

8月初，股价在这一波拉升的带动下很快成功突破了15.00元价位线，并一路上涨来到了 22.50 元价位线附近。此时场内推动力开始下降，股价形成回调。这一次股价的回调幅度明显要大一些，并且震荡幅度也更大。

9 月初，股价跌破了 30 日均线，并在其下方运行了数个交易日。随后，股价在 15.00 元价位线处得到支撑，快速以大阳线上涨，成功回到了 30 日均线上方，并在一次小幅回踩后再次形成拉升。那么，股价突破均线的位置就可以视作买点 3。

9 月中旬，股价一路猛进，很快创出了 30.64 元的新高。但伴随着成交量的缩减，股价也拐头出现了下跌，最终于 10 月中上旬跌破了 30 日均线。

10 月中旬，股价止跌回升，但在此时投资者还无法完全判断后市是否还有上涨空间，那么就不能轻易判别此处是不是买点，谨慎的投资者最好保持一段时间的观望。

10 月下旬，股价成功上涨突破了 30 日均线。但就在突破后的次日，股价拐头向下，数日后便再次跌破了 30 日均线，并开始快速下跌，带动 30 日均线转向下方。

由此可以看出，股价大概率进入了下跌行情之中。那么投资者就不能将 10 月下旬的突破视作买点 3，反而应该将其在 10 月中旬时止跌回升的位置视作买点 4。

当然，趋势已经过去，无法回头，即便在后续判断出了 10 月中旬的止跌为买点 4，投资者也无法再次回到当时进行买进。不过，胆大心细、反应快的投资者，还是可以在买点 4 的位置抓住时机建仓的。

而其他错过买点 4 的投资者，在发现行情转入下跌后，就可以继续关注后续的走向。一旦股价有止跌回升的迹象，就可以将其低点视作买点 4，进行抢反弹操作，比如 11 月中旬股价止跌回升的位置。

但其后续反弹的幅度不大，投资者能够赚取的收益有限，因此一定要注意及时卖出。

No.02 金银山谷预示上攻

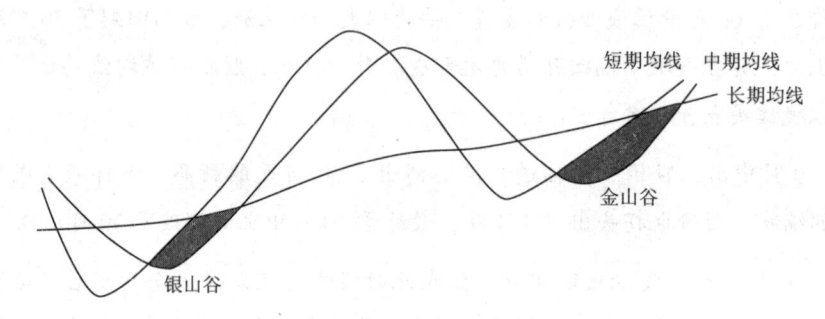

一图展示

图 2-3 金银山谷示意图

知识精讲

金银山谷其实是由金山谷和银山谷形成的，两个山谷除了出现时间和位置高低有差别以外，其技术形态都是一致的。其中，银山谷在前，金山谷在后，银山谷较低，金山谷较高。

从图 2-3 中也可以看出，金银山谷是由三条均线构筑而成的。先是由短期均线先后上穿中期均线和长期均线，中期均线在向上扭转后，紧接着穿过长期均线，三条线之间形成的一个围合闭拢的不规则三角形，就是金银山谷本身。

从三条均线的走势也可以发现，金银山谷通常出现在股价从低位向上运行的过程中，通过股价扭转短期均线，短期均线扭转中期均线，中期均线再扭转长期均线，形成的一个看多信号。

因此，在上涨初期或是拉升过程中形成的金银山谷，将具有比较高的可信度，同时也会发出比较强烈的买入信号。

需要注意的是，在银山谷之后形成的金山谷位置越高，距离银山谷越远，那么股价后市上涨的概率就越大，上涨空间也更大，对于投资者来说是一个非常积极的信号。

短线投资者可在金山谷形成后买进；中长线投资者如果已经持仓，那么就可以在金山谷形成的位置再进行加仓。

下面来看一个具体的案例。

应用实例

中文在线（300364）上涨过程中的金银山谷形态分析

图 2-4 为中文在线 2021 年 7 月至 11 月的 K 线图。

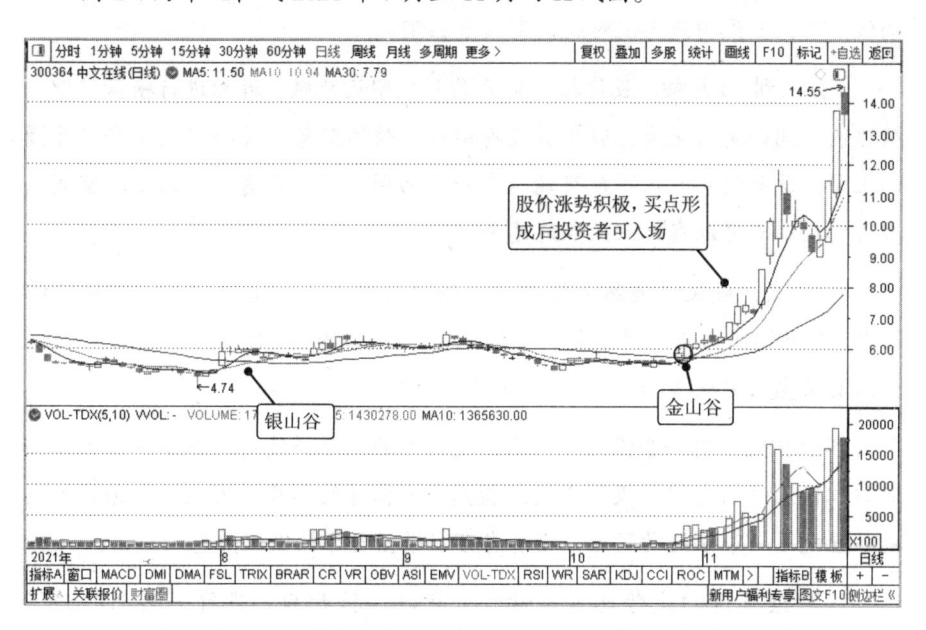

图 2-4　中文在线 2021 年 7 月至 11 月的 K 线图

从 K 线图中可以看到，中文在线的股价正处于从低位向上攀升的过程中。从均线的状态可以看出，在 7 月，股价还处于缓慢的下跌状态，三条均线都覆盖在股价上方形成压制。

7 月底，股价下探到 5.00 元价位线以下，在创出 4.74 元的新低后开始回升。仅仅三个交易日后，股价就上穿到了均线上方。

在这个过程中，首先被扭转的是 5 日均线。在跟随股价上扬的过程中，5 日均线很快穿过了 10 日均线和 30 日均线，并迅速带动 10 日均线向上移动，突破了 30 日均线，形成了一个银山谷。此处形成的银山谷是股价即将转向上涨的信号，投资者可以保持关注。

从后续的走势可以看到，股价突破到 30 日均线以上后，涨速明显减缓，开始波动上涨，但其低点都在 30 日均线上受到支撑，说明市场还是有一定看涨意愿的。

这样的走势持续了一个多月，在 9 月上旬股价上涨到接近 6.50 元价位线时，成交量没有给予足够的支撑，导致股价开始下跌，一路跌破到了 30 日均线以下，三条均线再次对股价形成了压制。

9 月底到 10 月初，股价在 5.50 元价位线附近止跌，开始进行横盘整理。从这段时间的走势来看，股价并没有继续下跌的趋势，反而形成了非常缓慢的上移，这就说明此次下跌可能只是一次回调，后续还有一定的上涨空间，激进的投资者可以在此试探性地建仓。

10 月底，成交量突然大幅放量，推动股价迅速向上突破了三条均线的压制。5 日均线立刻跟随上扬，穿过了 10 日均线和 30 日均线，10 日均线也紧随其后向上突破 30 日均线，形成了金山谷。

尽管相较于前一个银山谷来看，金山谷的高度并没有提高多少，但结合股价积极上涨的走势，投资者还是能判断出拉升的到来。因此，金山谷形成的位置就是一个很好的买点，投资者可以根据自己的需求建仓。

从后续股价的走势也可以看到，在进入拉升后，股价一路上冲到了 12.00 元价位线附近后才出现回调整理，相较于 6.00 元左右的入场点来说，涨幅直接翻了一番。

在此之后，股价回调结束再次上冲，很快来到了 14.50 元价位线以上，相较于前一个高点，又形成了接近 21% 的涨幅。在一个月左右的时间内能有如此巨大的涨幅，说明该股的涨势确实非常强劲。只要投资者在前期抓住时机入场，得到的回报还是非常丰厚的。

No.03 多头排列涨势积极

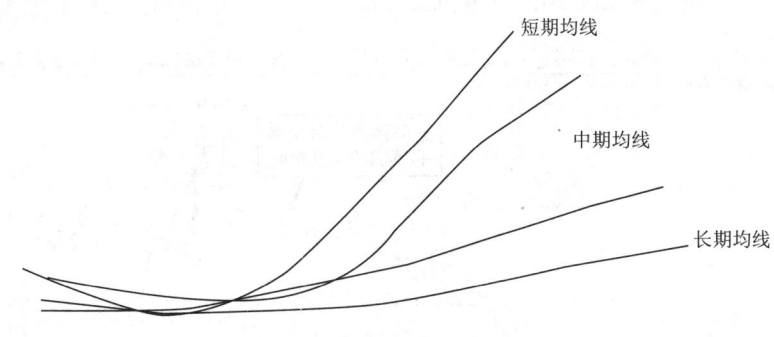

一图展示

图 2-5 多头排列示意图

(图中标注：短期均线、中期均线、长期均线)

知识精讲

多头排列是一种非常常见的均线形态，其形成原理也很好理解。大部分投资者都应该知道，均线由于时间周期的不同，大致被分为短期均线、中期均线和长期均线。其中，周期越短的均线与股价的贴合度越高。也就是说，均线的周期越短，其敏感度就越高，每当股价产生变化时，短周期均线往往是首先产生反应的。

多头排列的形态正是由于均线的这种特性而形成的。当股价短时间内产生了迅速的上涨，带动短期均线立刻跟随上行，中期均线和长期均线的反应速度要慢一些，但在后续也跟随向上转折，就形成了短期均线在上，中期均线和长期均线依次在下的排列形态，这就是多头排列。

由此看来，其预示意义不言而喻，那就是股价在短时间内将形成一波拉升。只要多头排列的形态不被彻底破坏，股价的拉升就暂时不会结束。那么，投资者就可以在合适的位置追涨买进，待到多头排列被破坏，或者股价转入下跌后卖出，就可以将这一段涨幅收入囊中。

下面来看一个具体的案例。

应用实例

福石控股（300071）多头排列形态分析

图 2-6 为福石控股 2021 年 9 月至 2022 年 1 月的 K 线图。

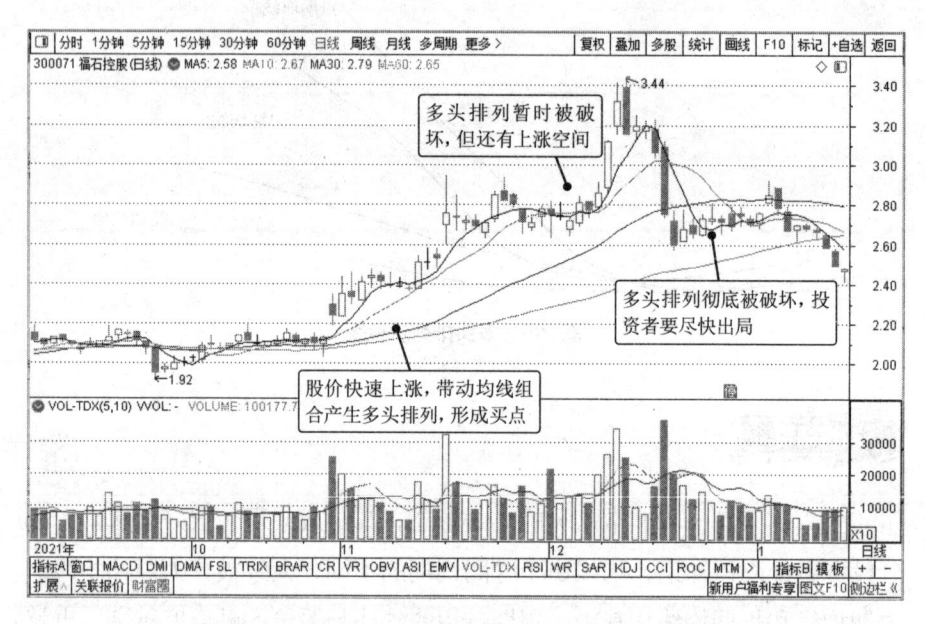

图 2-6　福石控股 2021 年 9 月至 2022 年 1 月的 K 线图

从 K 线图中可以看到，福石控股的股价正处于上升阶段中。2021年 9 月到 10 月，股价还在 2.20 元价位线下方横向震荡，均线组合受到影响，长时间黏合在一起，并形成水平运行状态。

10 月底，股价借助一根向上跳空的 K 线来到了 2.20 元上方。与此同时，5 日均线和 10 日均线反应最快，迅速跟随股价向上转折。伴随着股价后续的上涨，30 日均线和 60 日均线也逐步向上转向，很快便形成了 5 日均线、10 日均线、30 日均线和 60 日均线自上而下排列的多头排列形态。这意味着股价在短时间内形成了快速的上升，低位买点形成。

11 月上旬，股价接触到 2.40 元价位线后形成了小幅的回调，回踩了 10 日均线。与此同时，5 日均线跟随股价小幅转折，但还没有接触到 10 日均线时，就被继续上升的股价带动向上，再次与 10 日均线拉开距离，多头排列形态没有被破坏。那么这个回调的低点位置，可以当作一个加仓点。

继续来看后面的走势。11月中旬，股价再度上涨来到了2.80元价位线附近，形成了整理形态。虽然股价在此期间并未产生明显的下跌，但依旧形成了长时间的横盘震荡，导致5日均线和10日均线纠缠在一起，多头排列形态暂时被破坏。不过，从股价的走势看来，其并没有下跌的趋势，因此，投资者可以静观其变。

12月初，在成交量的大幅放量支撑下，股价再次上冲，带动5日均线和10日均线向上发散，恢复了往日的多头排列，这是股价再度拉升的标志。但数日后，股价创出3.44元的新高，随后形成了快速的下跌，连续的收阴导致股价迅速跌到了30日均线以下，5日均线和10日均线纷纷向下拐头，先后穿过了30日均线。

很明显，此时多头排列的形态已经彻底被破坏，股价不仅不会再上涨，后续还可能面临着持续的下跌。反应快的投资者应当在股价和短期均线转向时就及时卖出，惜售的投资者在发现短期均线跌破中期均线后，也要抓紧时间择高卖出。

No.04 蛟龙出海再次突破

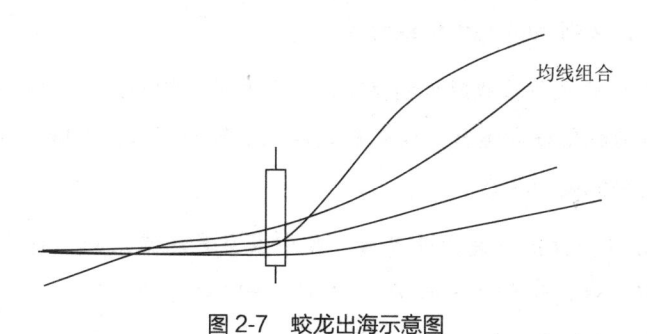

一图展示

图2-7 蛟龙出海示意图

知识精讲

从蛟龙出海形态的示意图可以看出，蛟龙出海的重点在于向上发散的均线组合，以及自下而上贯穿均线的一根大阳线。

由此也可以很明显地发现，蛟龙出海通常形成于股价拉升的起始位置。并且前期股价在相对低位形成了缓慢下跌或是横盘的走势，导致均线组合黏合在一起，直到某一时刻K线收出大阳线，才带动均线向上移动并发散开来，属于明显的看涨信号。

注意，贯穿均线组合的阳线波动幅度越大，蛟龙出海的买入信号就越强烈。激进的投资者可以在形态形成当日就建仓入场，谨慎的投资者则可以再等几个交易日，待到股价上涨趋势彻底确定后再买进。

下面来看一个具体的案例。

应用实例

美联新材（300586）蛟龙出海买进时机分析

图2-8为美联新材2021年2月至8月的K线图。

从图2-8中可以看到，美联新材的股份正处于上涨行情之中。从均线的状态来看，2月，股价还处于下跌状态，直到2月中旬创出7.06元的新低后才止跌回升，来到8.00元价位线附近。

股价在8.00元价位线附近横盘了三个多月后，均线组合已经彻底黏合在一起，并跟随股价横向运行。成交量表现也不尽如人意，市场整体呈现出交投冷淡、走势低迷的状态。

5月26日，股价以高价开盘后，盘中成交量非常活跃，将价格一波一波向上推涨，最高达到了8.87元，但在下午时段有所回落，最终以11.64%的涨幅收盘，当日形成了一根大阳线。

此时，股价不仅依靠这根大阳线向上远离了8.00元的横盘压制线，直接运行到 8.50 元价位线以上，该阳线还自下而上贯穿了整个均线系统，形成了一个标准的蛟龙出海形态。并且当日的成交量出现了天量，说明有主力在入场推涨，后市高度看好，激进的投资者可以在当日建仓。

继续来看后面的走势。股价来到 8.50 元价位线以上后，次日就形成了回调，这可能是获利盘抛售导致的。数日后，价格在 30 日均线上受到支撑，并逐步向上攀升，很快便跃过了前期高点。

此时，均线组合已经彻底向上发散开来，尽管并没有形成比较明显的多头排列，但还是可以看出，股价的涨势是得到有力支撑的，此时，还在观望的投资者可以买进了。

尽管在 7 月，股价进行了一次幅度较深的回调，但 60 日均线起到了很好的承托作用，价格在 7 月底就被再次推涨向上，形成了速度更快的上涨。因此，这个回调的位置也可以作为一个买入点，投资者只需要根据自己的持股周期寻找卖点就可以。

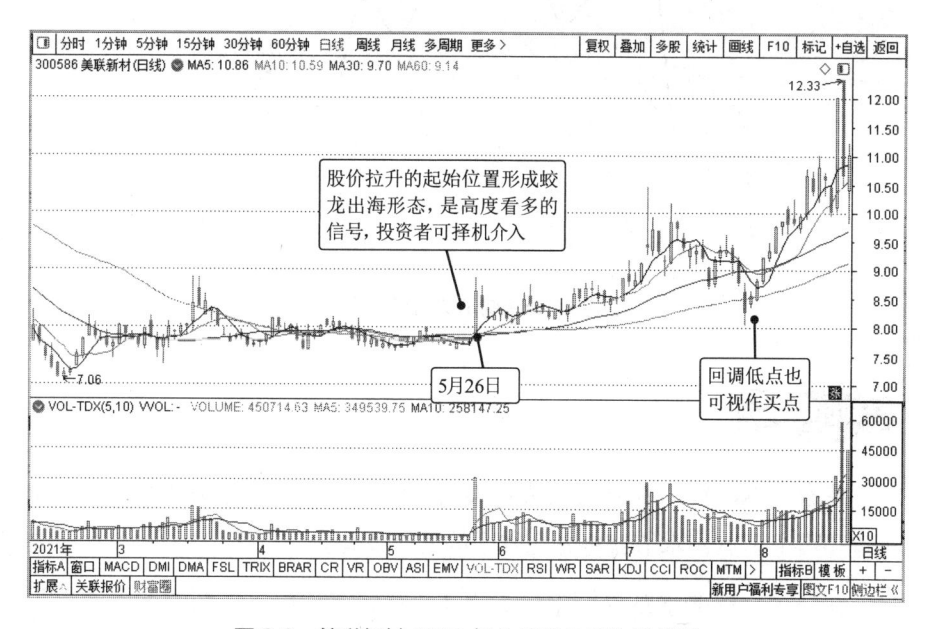

图 2-8 美联新材 2021 年 2 月至 8 月的 K 线图

二、均线下跌形态解析

均线下跌形态是与前面介绍的上涨形态相对应的卖出形态,其传递的基本都是看跌信号,应用方式和判断标准也比较简单。投资者若是对这些卖出形态足够熟悉,在实战中还是有很大概率能够保住收益的。

No.05 葛兰威尔买卖法则的卖点

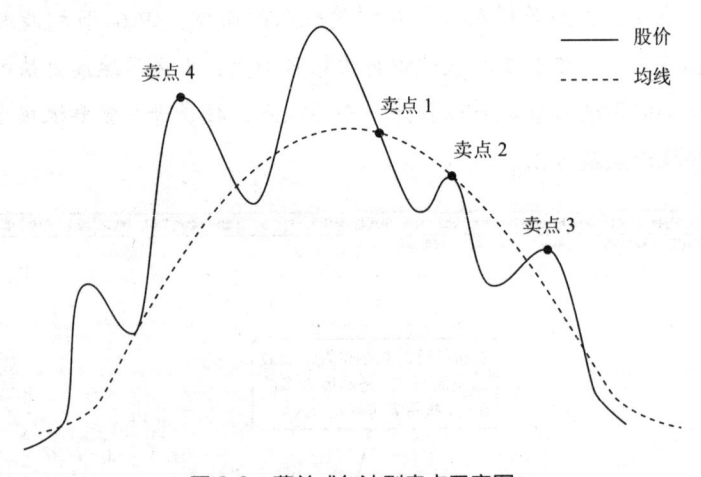

一图展示

图 2-9 葛兰威尔法则卖点示意图

知识精讲

在本章 No.01 中介绍葛兰威尔买卖法则时,提到了该法则涵盖了四个买点和四个卖点,本节就将介绍其中的四个卖点。

在一个完整的涨跌周期中,卖点 1、卖点 2 和卖点 3 都处于下跌过程中,只有卖点 4 位于上涨过程中。

其中,卖点 1 是股价从顶部滑落,跌破均线的位置;卖点 2 是股价运行到均线以下后形成反弹靠近均线，但未能突破的位置；卖点 3 则是股价反弹并小幅突破均线的顶点位置；卖点 4 是股价在短时间内形成大幅拉升后的阶段高位。

对于投资者来说，下跌过程中的卖点 1、卖点 2 和卖点 3 是需要特别注意的，因为一不小心就可能被套场内。卖点 4 则是一个用于保住收益的卖出信号，短线投资者可多利用卖点 4 进行波段操作，中长线投资者则可以根据实际情况来进行操作。

下面依旧基于 30 日均线，通过一个具体的案例来分析葛兰威尔买卖法则中的四个卖点。

应用实例

帝科股份（300842）葛兰威尔买卖法则的卖点解析

图 2-10 为帝科股份 2021 年 5 月至 2022 年 2 月的 K 线图。

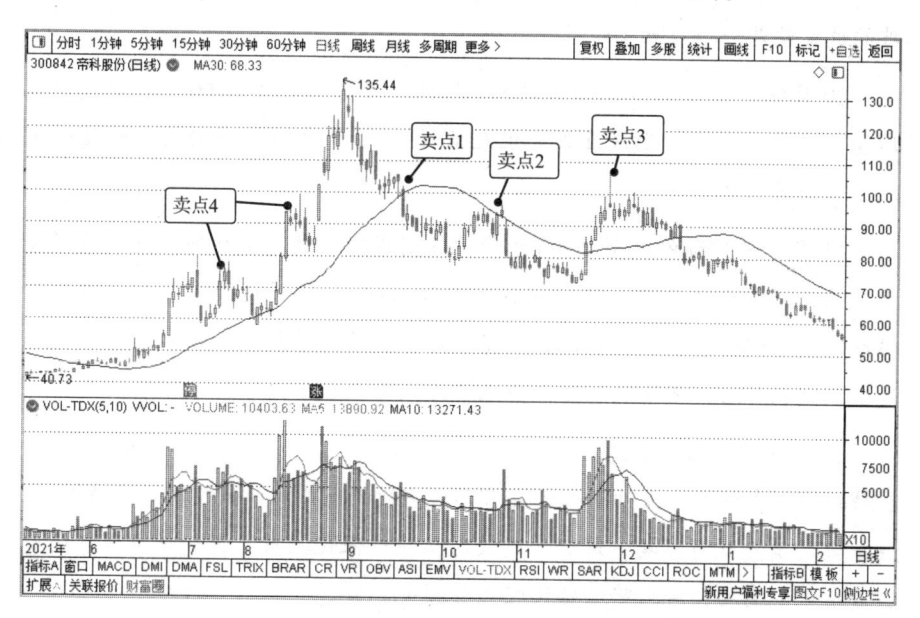

图 2-10　帝科股份 2021 年 5 月至 2022 年 2 月的 K 线图

从K线图中可以看到，帝科股份正处于上涨行情向下转势的过程中。2021年5月，股价还在30日均线以下缓慢向上攀升。

5月底，股价突破30日均线后站到上方，并带动30日均线向上转向。6月底，成交量放出巨量，股价涨速明显加快，很快来到了80.00元价位线附近，在此受到阻碍后形成回调。

但很快，股价在60.00元价位线上受到支撑，再次回升到了前期高点附近。虽然未能突破前期高点，但此时股价的位置还是比较高的，与30日均线产生的偏离也比较大，此处可以视作一个卖点4，短线投资者可在此兑利离场。

8月初，股价回调至30日均线上受到支撑，开始上涨。后续股价涨速非常快，数个交易日后就来到了100.00元价位线附近，并有回调的迹象。此处也可视作一个卖点4，短线投资者再次抛盘。

8月底，股价回调结束后一路上行至130.00元价位线以上，创出135.44元的新高后拐头下跌，于9月中旬跌破了30日均线，运行到其下方。这个跌破的位置就是一个卖点1。

10月初，30日均线也彻底完成了转向，股价下跌至80.00元价位线附近后受到支撑，不久后形成反弹，但在靠近30日均线时受压回落，此处就形成了一个卖点2。

11月中旬，股价跌至70.00元价位线附近后止跌再次反弹。此次反弹速度较快，动能也比较强，股价很快越过了30日均线，反弹到了100.00元价位线以上。但好景不长，在此位置见顶后，股价回落到了100.00元价位线以下，横盘数日后形成下跌，这个高点就是一个卖点3。

12月中旬，股价跌破30日均线后一路下行，很快便跌到了60.00元价位线以下，在很长一段时间内都没有形成有效的反弹。如果投资者反应够快，在前期的卖点及时离场，那么还能及时止损或保住收益，但如果到现在还有投资者未能离场，那么将面临比较大的损失。

No.06 死亡山谷预示转势

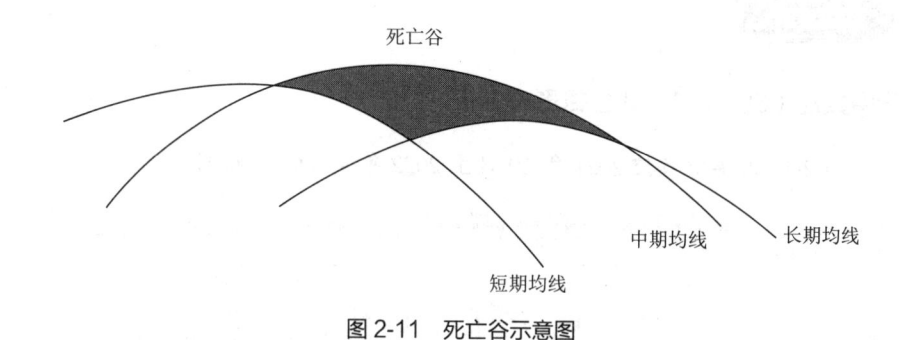

一图展示

图 2-11 死亡谷示意图

(图中标注：死亡谷、短期均线、中期均线、长期均线)

知识精讲

死亡谷形态与前面介绍的金银山谷技术形态相对应，具体指的是股价从顶部滑落后，首先带动短期均线向下转向，并接连穿过中期均线和长期均线。随后转向的是中期均线，待到其跌破长期均线后，长期均线也完成了向下的转向，三条均线就会形成一个尖角向下的不规则三角形，这就是死亡谷。

从其形态可以看出，死亡谷常出现在股价的顶部、阶段顶部或是行情顶部。但其预示的含义都是类似的，即股价在短时间内会形成下跌走势。

根据死亡谷出现位置的不同，其信号强度也会不同。比如在上涨过程中形成的死亡谷，预示的可能就是后期的回调，中长线投资者可以不必理会，继续持有。

但死亡谷若是出现在行情顶部或是下跌阶段的反弹顶部，那么该形态预示的就是后市的大幅下跌。此时，无论是短线投资者还是中长线投资者，都应以离场为佳。

因此，死亡谷形态具体的操作策略，还需投资者依靠形态所处的位置来决定，不能盲目跟随。

下面来看一个具体的案例。

应用实例

华中数控（300161）死亡谷形态分析

图 2-12 为华中数控 2021 年 10 月至 2022 年 4 月的 K 线图。

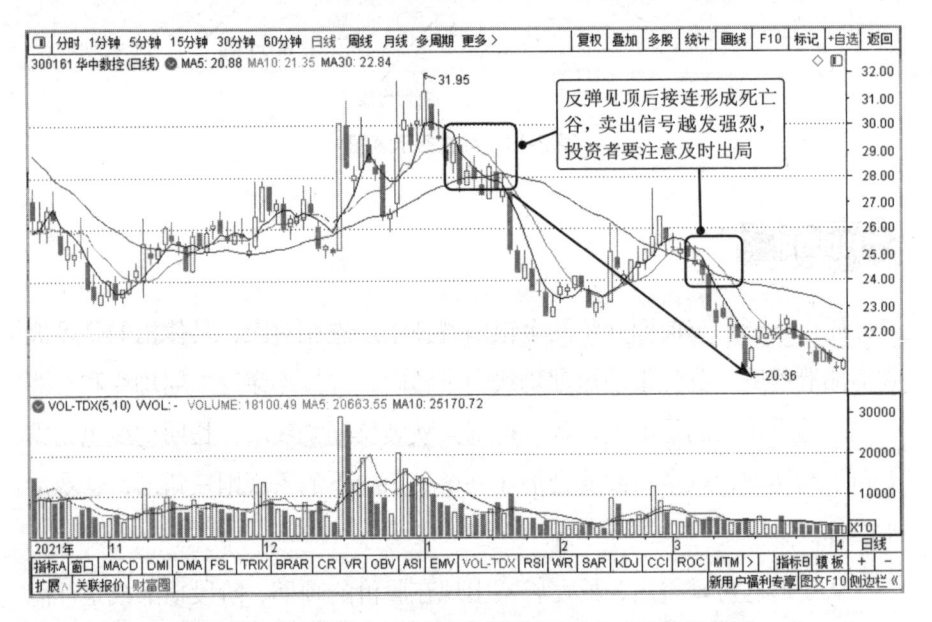

图 2-12　华中数控 2021 年 10 月至 2022 年 4 月的 K 线图

从 K 线图中可以看到，华中数控的股价正处于下跌行情之中。从均线的状态可以看出，2021 年 10 月，股价还在下跌，直到 10 月底跌至 23.00 元价位线附近才止跌企稳，并形成了反弹走势，原本向下运行的三条均线纷纷拐头向上，股价进入上涨之中。

经过近两个月的反弹后，股价于 12 月底来到了 31.00 元价位线上方，在创出 31.95 元的新高后，拐头再次进入了下跌。

首先下行的是 5 日均线，在股价下跌的带领下，5 日均线很快跌破了10 日均线和 30 日均线。10 日均线紧随其后向下转向，也很快跌破了 30 日均线，三条均线形成了一个死亡谷。在下跌行情反弹见顶后的位置形成死亡谷，意味着市场再次转入弱势，卖出信号明显。

2022年1月中旬，30日均线扭转向下，并与5日均线和10日均线共同对股价形成了强力的压制，催促场内投资者离场。

1月底，股价跌至23.00元价位线附近后止跌，在低位横盘震荡一段时间后又一次反弹。但此次反弹的高度明显受限，股价在小幅越过27.00元价位线后就再次进入了下跌之中。5日均线和10日均线跟随拐头向下，并穿过了30日均线，又一次形成了死亡谷。

此处死亡谷的影响力更大了，因为行情已经很明显地产生了颓势，后续下跌空间较大，此时还未离场的投资者最好及时止损出局。

No.07 空头排列跌势明显

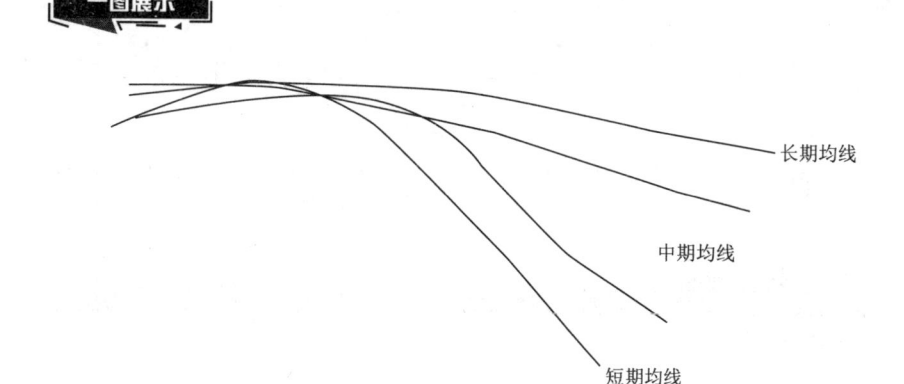

一图展示

图 2-13 空头排列示意图

知识精讲

空头排列的技术形态就是多头排列技术形态的翻转，均线组合中的长期均线、中期均线和短期均线依次自上而下排列，并且都牢牢压制在股价上方。

这种形态意味着价格从上涨或横盘转入下跌，并且跌势持续，下跌速度较快。只要空头排列形态不被彻底破坏，那么股价后续的发展就不容乐观，投资者应尽量在空头排列形成初期就卖出。

下面来看一个具体的案例。

应用实例

通灵股份（301168）空头排列形态分析

图2-14为通灵股份2022年2月至6月的K线图。

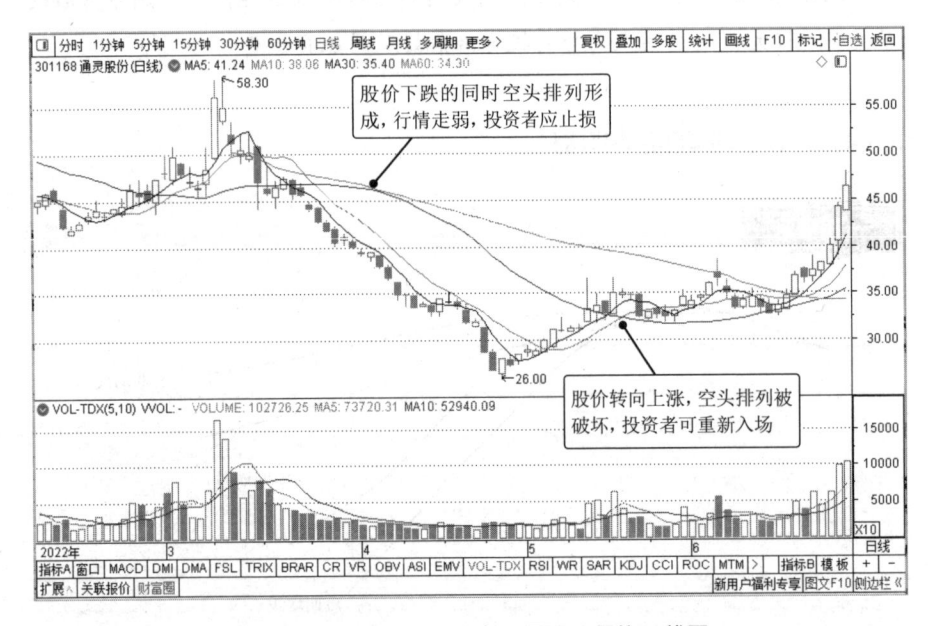

图2-14 通灵股份2022年2月至6月的K线图

从K线图中可以看到，通灵股份的股份正处于下跌阶段中。2月，股价还在均线的压制下下行。2月中旬，成交量开始温和放量，推动股价向上攀升。在跃过均线的压制后，该股逐渐运行到了55.00元价位线上方，创出58.30元的新高，随后拐头下跌。

股价一路跌破均线组合运行到其下方，5日均线首先跟随转向，紧随其后的是 10 日均线，两条均线覆盖在股价上方形成压制。

待到股价下跌一段时间后，30 日均线也向下形成了转向，并压制在股价、5 日均线和 10 日均线上方。与此同时，60 日均线也在下行，均线组合形成了明显的空头排列。

此时，结合股价持续下跌的走势，行情转向弱势的情形已经非常明显了，投资者应尽量在空头排列形成前期就迅速卖出，及时止损。

从后续的走势可以看到，股价一路跌落至 35.00 元价位线下方，横盘了一段时间。但在此阶段内，均线的空头排列没有被破坏，这意味着股价下跌的趋势还将继续。

4 月中旬，股价再次下探，在创出 26.00 元的新低后形成回升。待到价格回升至 30.00 元价位线附近后，5 日均线被带动向上贯穿 10 日均线，破坏了空头排列形态，说明股价有回升的趋势。

紧接着价格一路上扬，很快来到了 35.00 元价位线的附近。此时 30 日均线相继被 5 日均线和 10 日均线突破，空头排列形态彻底不复存在，行情转向上涨，前期卖出的投资者此时就可以再次入场了。

No.08　断头铡刀下跌加速

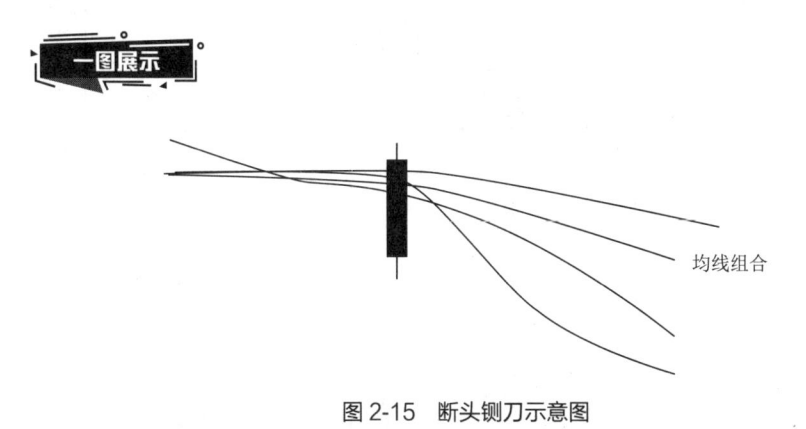

一图展示

图 2-15　断头铡刀示意图

知识精讲

断头铡刀是由均线组合和一根大阴线构成的。股价前期形成了一段时间的横盘或震荡，导致均线组合黏合在一起，某一时刻股价转向下跌时，带动均线组合同步向下转向。与此同时，K线收出一根大阴线，自上而下贯穿了整个均线组合，不仅开启了下跌走势，也形成了断头铡刀形态。这根阴线的实体越长，发出的看跌信号就越强烈。

断头铡刀形态是很好辨别的，无论它出现在行情顶部还是阶段顶部，短时间内股价的跌势都已经确定。因此，短线投资者可将其当作卖出点；中长线投资者则可以根据行情的位置来决定是否出局。

下面来看一个具体的案例。

应用实例

中公高科（603860）断头铡刀形态分析

图 2-16 为中公高科 2020 年 11 月至 2021 年 2 月的 K 线图。

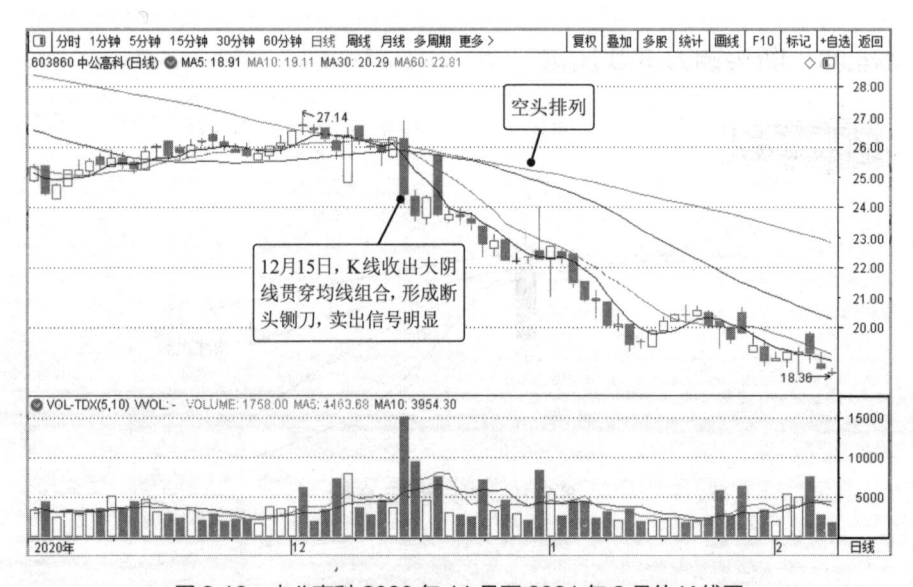

图 2-16　中公高科 2020 年 11 月至 2021 年 2 月的 K 线图

从K线图中可以看到，中公高科的股价正处于下跌行情中。从均线的状态可以很明显地发现，在2020年11月之前，60日均线和30日均线长时间覆盖在股价上方，形成压制作用。

进入11月后，股价跌至24.00元价位线附近止跌，并形成了小幅回升，5日均线、10日均线和30日均线逐步黏合在一起。进入12月后，60日均线也与三条均线汇合，共同组成了黏合状态。

与此同时，股价在创出27.14元的阶段新高后逐步向下滑落。12月15日，股价以26.28元的低价开盘后，长时间保持在25.98元到26.29元（前日收盘价）进行横盘震荡。

临近早上收盘时，股价小幅回升到了前日收盘价上方。但在下午时段开盘后的第一分钟，成交量就放出了巨量，股价在此量能的压制下迅速下滑，盘中触底小幅回升，最终以7.19%的跌幅收出了一根大阴线。

这一根阴线自上而下贯穿了整个均线组合，最低价已经靠近了24.00元，彻底跌破了前期的盘整支撑位，在形成断头铡刀形态的同时，也开启了新一波的下跌。谨慎的投资者在当天就应当迅速卖出，保住收益。

从后续的走势也可以看到，在断头铡刀形成后，股价在24.00元价位线附近横盘了一段时间，其间还形成了一个高开低走的大阴线，但很明显未能突破30日均线和60日均线的压制，最终向下快速跌落。

后续均线组合形成了空头排列，对股价造成了强力的压制，其间股价并未形成明显的反弹，被套投资者只能选择尽快卖出止损。

三、分时图中均价线的用法

分时图中的均价线与K线图中的均线稍有不同，一般来说只有一条，并且周期不会变化。不过，分时图中的均价线与K线图中的均线含义都是类似的，即股价在某一段时间内的平均成交价格。

投资者利用这条均价线和股价之间的位置关系及交叉形态，可以判断出许多买卖点，本节就将对其用法进行解析。

No.09 均价线对股价线的支撑应用

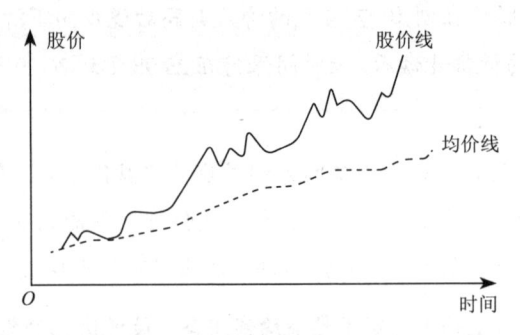

一图展示

图 2-17 均价线对股价线的支撑示意图

知识精讲

在分时图中主要存在两条关键的价格线，一条是股价线，另一条是均价线。均价线对股价线的支撑指的是在大部分的交易时间内，均价线都承托在股价线下方，与其呈同步状态向上运行，整体对股价线形成了强力的支撑。

这一点与 K 线图中均线对股价的支撑是类似的，这意味着市场正在积极上涨，前期入场的投资者基本都已经盈利。只要这样的形态不被破坏，那么该股当天收阳的可能性非常大。

因此，如果短线投资者或部分中长线投资者希望在当天入场，就可以尽早在均价线的支撑作用显现时买进。

下面来看一个具体的案例。

应用实例

泰林生物（300813）均价线对股价线的支撑应用

图 2-18 为泰林生物 2022 年 11 月 8 日的分时图。

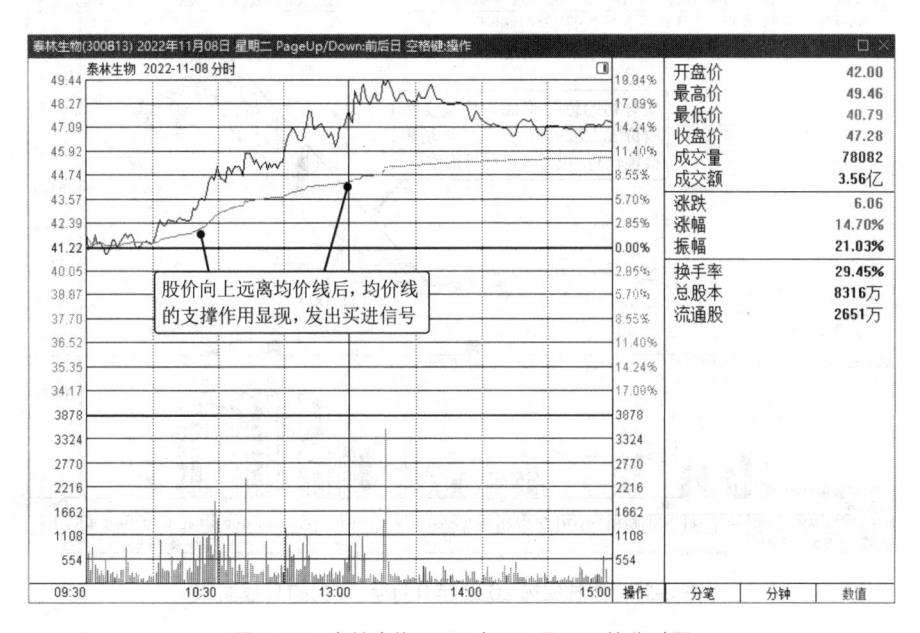

图中标注：股价向上远离均价线后，均价线的支撑作用显现，发出买进信号

图 2-18　泰林生物 2022 年 11 月 8 日的分时图

从分时走势中可以看到，泰林生物在 2022 年 11 月 8 日是以 42.00 元的高价开盘的，在开盘后的半个小时内，股价在前日收盘价之上围绕均价线反复震荡。此时，均价线的支撑作用还未显现，该股后市走向也不明朗，投资者可以继续观望。

10:00 之后，股价线突然快速上扬，远离了均价线，同时带动均价线一同向上加大上扬角度。在后续的很长时间内，股价线都运行在均价线之上，并且出现的数次回调都在远离均价线的位置止跌回升。

与此同时，均价线也伴随着股价的上扬而调整着上涨角度。但从整体来看，二者是同步向上的，市场呈现出了积极的追涨状态，说明当天很有可能会出现较大的上涨。

若投资者仅仅借助当日的分时图无法判断能否买进,那就要依靠K线图来进行综合判断。

图2-19为泰林生物2022年9月至11月的K线图。

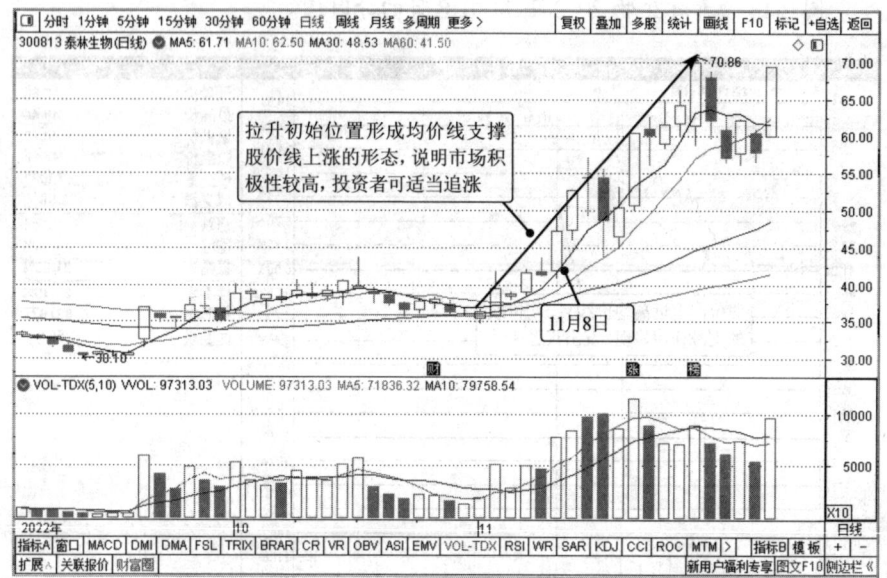

图2-19 泰林生物2022年9月至11月的K线图

从K线图中可以看到,在2022年9下旬之前,股价还在向下滑落,直到跌至30.00元价位线附近得到支撑后开始上涨,一路上扬至40.00元价位线附近。在此受到阻碍后,股价小幅回落,但很快在30日均线和60日均线之上得到支撑,再次快速上冲。

11月8日正处于股价再次快速上冲的初始位置,在这种情况下形成的均价线对股价线的支撑形态,意味着市场正在稳步向上推进,后续还有较大的上涨空间。因此,短线投资者和部分中长线投资者可以在11月8日这一天尽早买进,以便抓住后续涨幅。

从11月8日后续的走势来看,尽管股价在冲高后有所回落,但均价线的支撑作用依旧存在,股价跌至47.09元价位线附近就止跌横盘,最终以14.70%元的涨幅收出了一根大阳线,单日涨幅都非常可观了。如果投资者没有抓住这一日的机会,那么还可以在后续的交易日中择机买进。

No.10 均价线对股价线的压制应用

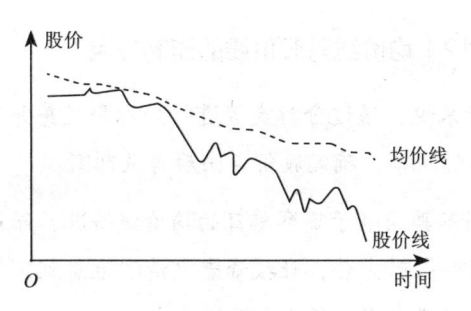

一图展示

图 2-20 均价线对股价线的压制示意图

知识精讲

均价线对股价线的压制作用主要体现在股价线上攻不破均价线，以及股价线下跌后与均价线产生较大偏离这两方面，示意图中都有所体现。

由于分时图展示的仅仅是一个交易日内价格的变化情况，因此，股价线的波动要比 K 线图中频繁许多，这也导致投资者很难把握后续的走向。不过，在借助均价线进行判断的情况下，投资者还是可以分析出股价大致的运行方向。

若股价线在开盘当时或开盘后不久就落到了均价线以下，多次突破失败后向下移动，并与均价线产生较大偏离时，就说明短时间内该股很难有好的表现。那么，无论后续该股如何发展，只要没有彻底向上突破均价线，当日大概率还是收阴的。

可是，单看某一个交易日的弱势走势就能决定手中筹码的去留吗？当然不是，投资者别忘了结合 K 线图去分析当前市场情况。如果是在上涨行情的小幅回调阶段形成均价线对股价线的压制，那么就没有必要着急卖出；但如果是在高位见顶后，或是下跌过程中形成这种形态，那就要谨慎对待了。

下面来看一个具体的案例。

应用实例

易天股份（300812）均价线对股价线的压制应用

对许多投资者来说，通过分时走势进行分析和交易并不是一蹴而就的，而是需要经过多日的观察，确定股价走向后再做判断。

因此，本案例不再局限于观察单日的均价线情况，而是将视线拉长，同时列出四个交易日的分时走势，让投资者更清晰地看到下跌趋势中均价线的强劲压制力，并帮助投资者分析出合适的卖点。

图2-21为易天股份2022年8月19日至8月24日的分时图。

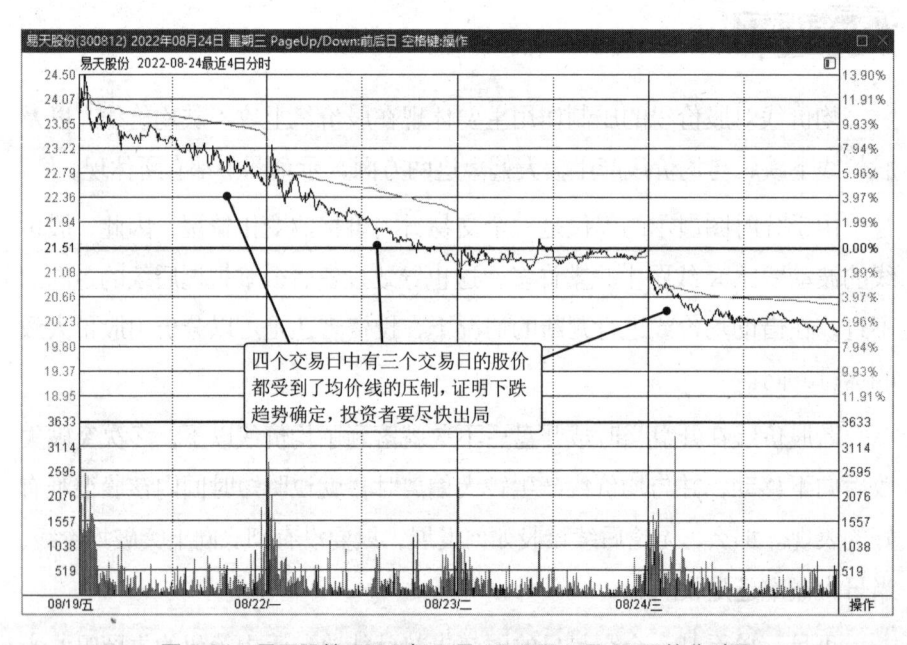

图2-21 易天股份2022年8月19日至8月24日的分时图

图中标注：四个交易日中有三个交易日的股价都受到了均价线的压制，证明下跌趋势确定，投资者要尽快出局

从图中可以很明显地发现，易天股份的股价线在2022年8月19日到8月24日这四个交易日中，有三个交易日被压制在均价线以下。

最先形成这种形态的是在8月19日，当天股价在开盘后出现了小幅上冲后回落的震荡走势，前几分钟内还与均价线有所交叉，但很快股价线便跌落到了均价线以下，在短时间内形成数次反弹突破失败后，不得不返回下跌，与均价线的距离越拉越远，最终以 6.92% 的跌幅收出一根大阴线。

8 月 22 日开盘后，股价依旧延续了上一个交易日的走势，在短暂震荡后受到均价线长期压制。并且从当日的走势来看，均价线的压制力似乎比 8 月 19 日的更为强劲，与股价线的偏离也更大了，当日 K 线收出一根跌幅为 5.79% 的大阴线。

情况在 8 月 23 日有所缓和，股价终于在盘中与均价线形成了暂时的平衡，二者长时间在 21.08 元到 21.51 元进行横向震荡，收盘后形成了一根涨幅为 0.99% 的小阳线，代表市场在进行修整。

但进入 8 月 24 日后，股价依旧走弱，开盘后几分钟内就被压制到了均价线以下，随后长时间反弹失败，最终收出一根跌幅达到 6.60% 的大阴线。到了此时，市场短时间内的跌势已经比较明确了，如果投资者还在犹豫是否出局，不妨看看 K 线图中的情况。

图 2-22 为易天股份 2022 年 7 月至 10 月的 K 线图。

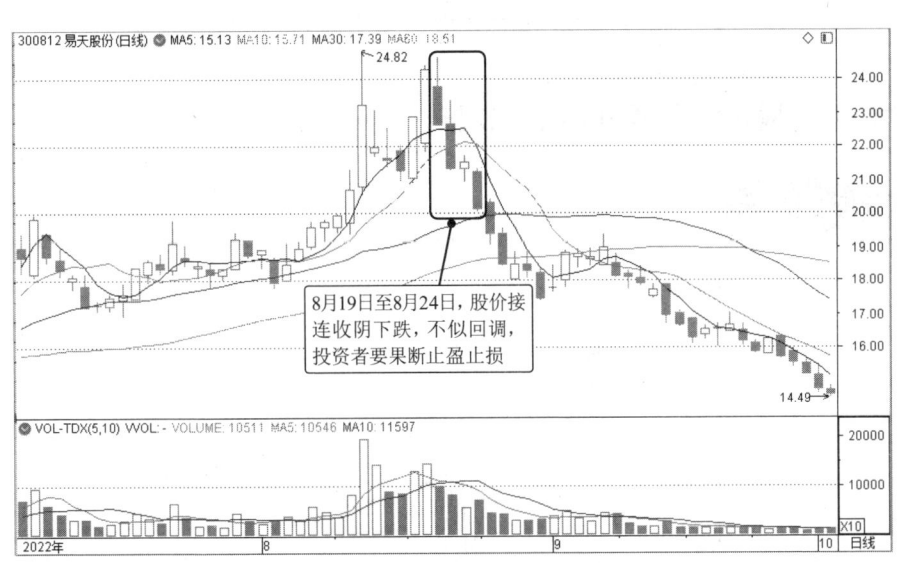

图 2-22　易天股份 2022 年 7 月至 10 月的 K 线图

将视线放回K线图中，形势就很明确了，在8月19日之前，该股还在快速上涨，大阳线频出，其间也有过数次回调，但回调幅度都不大，回调的阴线实体也不长。从8月19日开始，该股跌速和收阴幅度明显超过前期的回调，意味着股价有可能进入下跌，跌幅还不小。

因此，投资者在观察到数日的均价线压制股价线形态后，就要及时做出判断和决策，要么在8月19日尽早止盈出局，要么在8月24日认清现实抛售止损，否则可能遭受更严重的损失。

拓展知识 *分时图中多日同列的设置*

部分投资者，尤其是新入市的投资者，可能对炒股软件的各种功能和对应的操作还不太熟悉，也不知道怎么才能将分时图设置成图2-21展示的那样。其实很简单，一个快捷键就可以快速设置，那就是【Alt+ 数字】组合键。

以通达信软件为例，设置两日分时图，就直接在分时图界面按【Alt+2】组合键，设置三日分时图，就按【Alt+3】组合键，以此类推。但需要注意，不同的炒股软件采用的快捷键可能有所不同，投资者要注意自己的炒股软件是否能够使用该快捷键，如若不行，就要在炒股软件自带的快捷键使用说明内寻找对应的快捷键。

No.11 股价线穿越均价线的形态

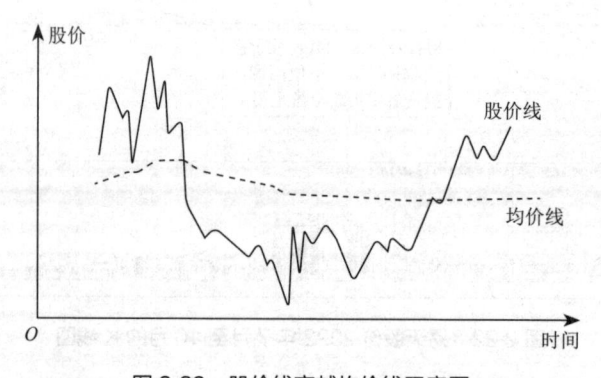

一图展示

图2-23 股价线穿越均价线示意图

知识精讲

股价线对均价线的穿越分为两个方向，分别是向上穿越和向下穿越。这两种穿越形态在日常走势中十分常见，并且如果股价线的震荡过于频繁，一个交易日内甚至会出现数十次穿越均价线的走势。

当然，并不是所有的穿越形态都值得投资者分析，比如一些震荡走势或是横盘走势中的穿越形态，其参考价值就比较低了。但如果股价线在一个交易日中仅仅穿越了均价线几次，并且在穿越后长时间沿着原有趋势运行，那么这种形态就能够为投资者提供较大的助益。

比如在上涨行情中的某个交易日，股价小幅回调完成后再度回升，成功向上穿越了均价线，并在后续持续上行，最终收阳，那么当日的走势就是股价延续上涨行情的极佳证明，也是投资者建仓的依据。

但若是在下跌行情中股价线出现了向下穿越均价线后震荡下滑的情况，就有可能是反弹冲高回落，或是市场整理后继续下行的标志。此时，投资者就要注意观察 K 线图中的情况及时抛售。

下面来看一个具体的案例。

应用实例

中国医药（600056）股价线穿越均价线的买卖点分析

股价线对均价线的穿越形态，在拉升初始和行情见顶的位置最为明显，参考价值也是最高的。

因此，本案例节选了中国医药从拉升开始到见顶下跌的一段走势，为投资者分析股价线与均价线的变动和交叉情况，看看在不同位置和形态下的操作策略如何。

图 2-24 为中国医药 2022 年 3 月 2 日和 3 月 31 日的分时图。

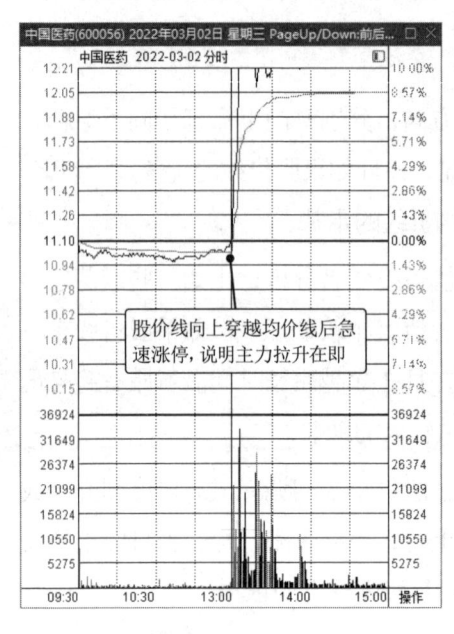

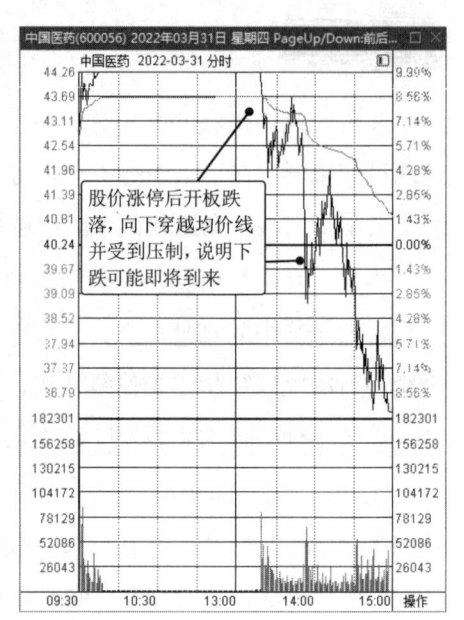

图 2-24　中国医药 2022 年 3 月 2 日和 3 月 31 日的分时图

先来看 3 月 2 日的分时走势，可以发现，在开盘后几分钟内，股价线就落到了前日开盘价和均价线以下，并在后续的较长时间内都维持在其下方运行，受到均价线的压制。

但到了 11:00 之后，股价线开始小幅回升，并在一段时间后成功向上穿越了均价线，在形成小幅回踩确认支撑后继续上行。那么股价线突破均价线的位置就是一个建仓点。

早盘时间内股价线穿越均价线之后的涨势还不太明显，但在下午时段开盘后，成交量放出天量量能，带动股价急速向上攀升，迅速在几分钟后冲上了涨停板。这是很明显的主力拉升行为，反应速度稍慢的投资者可能会错过此次追涨机会，但涨停板还有打开的可能，投资者此时可以等待再次开板。

13:18 左右，涨停板第一次打开，尽管一分钟后又被封住，但依旧给投资者留下了买入机会。13:25 左右，涨停板第二次打开，此次开板时间稍长，投资者可以抓住时机迅速买进，等待后续拉涨。

接下来再来看 3 月 31 日的走势，此时距离投资者建仓当日（也就是

3月2日）已经过去了将近一个月，从3月31日的开盘价来看，此时行情已经到达了相当高的位置。

开盘后，股价先是快速冲上了涨停板，持续封板到下午后，于13:18左右开板交易。并且股价在开板后就直线下跌，在跌穿均价线后速度不减，一路下滑至41.96元价位线附近才止跌震荡。

在后续的走势中，股价线反复形成反弹，但都未能有效上穿均价线，反而在其压制下跌速越来越快，当日最终以9.64%的跌幅收出一根大阴线，单日振幅达到了19.78%，由此可见该股跌幅的巨大。

此时，谨慎的投资者发现股价有走弱的趋势，就可以在股价线下穿均价线的位置附近卖出了。若还有投资者难以确定，就需要结合K线图来判断。

图2-25为中国医药2022年2月至4月的K线图。

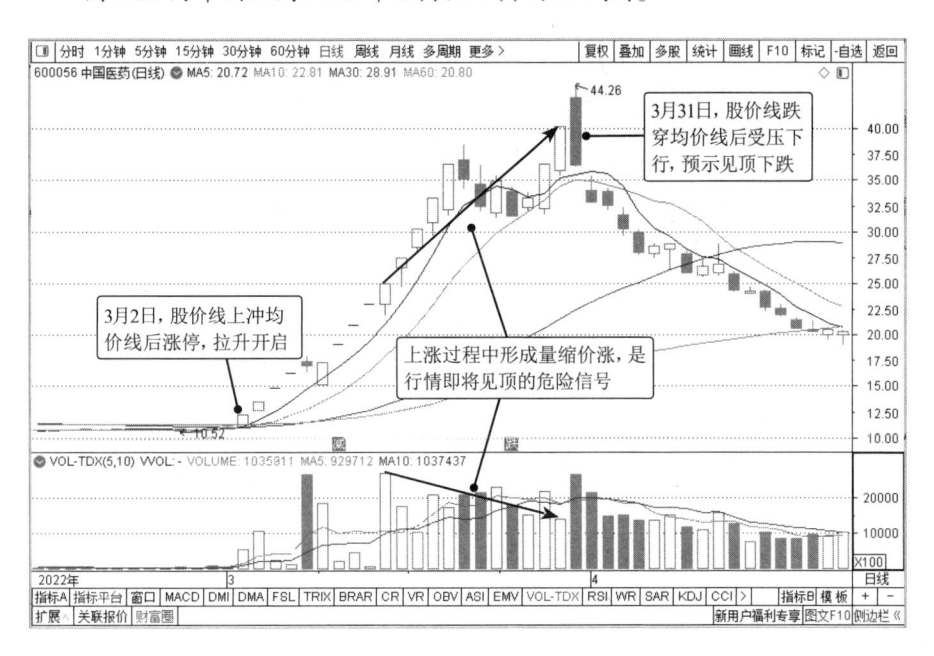

图2-25　中国医药2022年2月至4月的K线图

下面来看3月2日到3月31日的走势，可以发现，在3月2日之前，该股长时间在10.00元价位线上方横向运行，整体震荡幅度很小，从3月2日开始才形成了急速的拉升，并且在此之后涨速越发迅猛。这就证明了3月2日股价线对均价线的穿越是有效的看涨信号，投资者若没有在当日买进，还可以在后续股价连续上涨的过程中追涨。

再来看 3 月 31 日前后该股的情况如何。在 3 月下旬，该股上涨至 37.50 元价位线附近后滞涨回落，形成了小幅的回调，但很快便在 10 日均线附近得到支撑再次上扬。

不过，投资者仔细观察成交量就可以发现，从 3 月中旬开始，量能就没有再伴随着股价的上涨而放大了，反而形成了一定程度的缩减，构成高位的量缩价涨形态，这说明市场推动力不足，行情可能即将见顶。

因此，在接收到这样的警告信号后，发现股价线跌穿均价线后持续下行的形态，投资者就要及时判断出顶部的到来，尽早出局，保住收益。

第三章

观察多空力量转换：MACD

MACD指标全称为平滑异同移动平均线，其与均线有异曲同工之妙。但在研判分析中，它依旧作为一个单独的指标来使用，就说明除了与均线类似的功能以外，MACD指标还拥有其他特性及研究价值，最为突出的一点就是对多空力量变化趋势的反映。

一、从 MACD 指标线分析买卖点

MACD 指标不像均线一样能够叠加在 K 线上使用，需要单独在指标窗口中显示，因为它除了有 DIF 和 DEA 两条线以外，还有一条零轴及附在零轴上变化的 MACD 柱状线，这条零轴就是区分多空市场的关键工具，图 3-1 为炒股软件中的 MACD 指标。

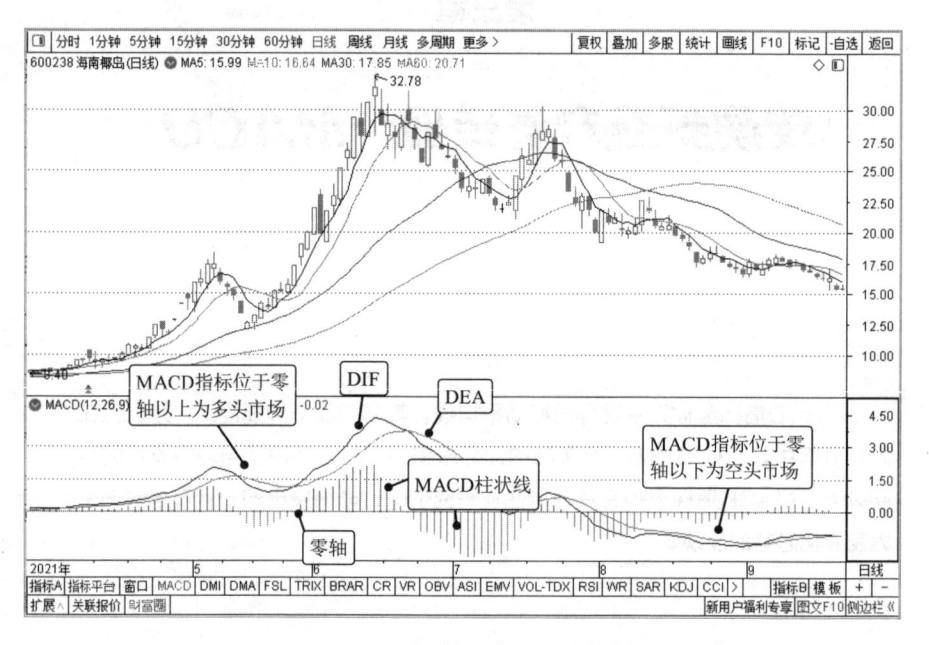

图 3-1 炒股软件中的 MACD 指标

从图 3-1 中可以看到，当指标线运行于零轴上方，MACD 柱状线也在其上呈现为红色时，表明市场多方占优，推涨力量较强，K 线大概率正在上涨；而当指标线运行于零轴下方，MACD 柱状线红翻绿时，表明市场中的卖盘占据了大多数，在抛压强势的情况下，K 线可能是在下跌。

除此之外，MACD 指标的两条线之间的位置关系和交叉形态也能提供买卖参考，下面就来对 MACD 指标的使用方法进行解析。

No.01　上涨初期的低位金叉

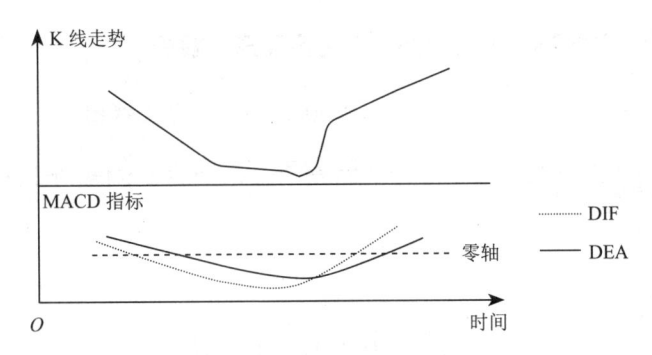

一图展示

图 3-2　上涨初期的低位金叉示意图

知识精讲

MACD 指标的金叉指的是由快线 DIF 自下而上穿过慢线 DEA 形成的交叉形态，而金叉的高低位置则是由零轴决定的。若金叉形成于零轴上方，被称为高位金叉；而在其下方形成的金叉，就是低位金叉。

低位金叉与高位金叉有区别吗？答案是肯定的。

先来说说低位金叉，低位金叉形成之前，MACD 指标必定已经进入零轴以下，换言之，K 线大概率已经经历了一波下跌，当前正处于相对低位，呈低迷状态。某一时刻 MACD 指标线拐头向上并形成金叉，就说明行情有转势的迹象，未来可能迎来一轮新的上涨，因此，低位金叉的买入信号强度要高一些。

但需要注意的是，由于低位金叉形成时市场还处于空头，不能排除金叉形成后股价小幅反弹，随后继续下跌的情况。因此，在低位金叉处买进的风险还是比高位金叉大一些，投资者要根据当前行情位置和自身策略来综合决策。

下面来看一个具体的案例。

应用实例

第一医药（600833）上涨初期的低位金叉形态解析

图 3-3 为第一医药 2021 年 9 月至 2022 年 1 月的 K 线图。

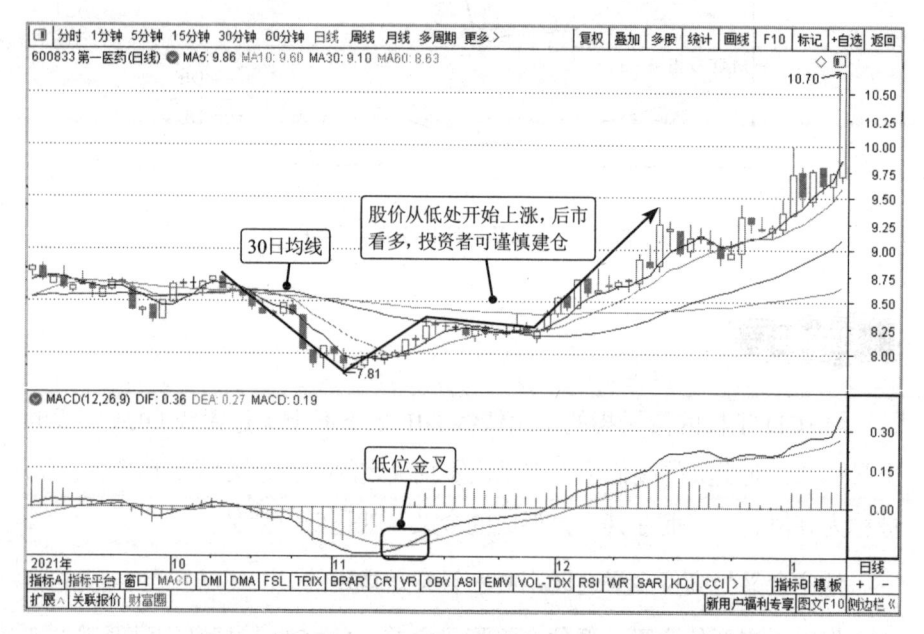

图 3-3　第一医药 2021 年 9 月至 2022 年 1 月的 K 线图

图 3-3 展示的是第一医药一段时间周期较短的走势，但从中还是可以看出趋势的变化。2021 年 9 月，股价还在 8.50 元价位线附近横盘运行，均线组合黏合在一起，暂时看不出趋势的方向。

但观察 MACD 指标，可以发现，此时 MACD 指标线已经来到了零轴附近，并围绕其横向运行，说明前期该股走势并不乐观，当前市场依旧走弱。

10 月初，股价突然在连续收阴的带动下向下跌落，很快落到了 8.00 元价位线附近形成横盘。在此期间，MACD 指标也跟随进入到零轴之下，并越发深入，说明空头抛压较重，股价看跌。

11月初，该股在创出7.81元的新低后开始回升，MACD指标中的DIF线率先转向，数日后就上穿DEA线，形成了一个低位金叉，随后持续上行，逐步靠近了零轴。这就说明多头开始发力，股价有企稳回升的趋势，激进的投资者此时可以谨慎建仓，密切关注。

从后续的走势来看，该股在回升至30日均线附近后受阻回调，但回调低点并未跌破前期的7.81元。同一时期，MACD指标也在一路向上运行，说明该股涨势未尽，投资者可以继续持有。

11月底，K线连续收阳拉升，进入了明显的上涨之中。MACD指标也紧随其后突破到了零轴上方，多方积极性非常高。若此时场外观望的投资者还无法确定涨势，就可以将观察周期拉长来看。

图3-4为第一医药2020年7月至2022年4月的K线图。

图3-4　第一医药2020年7月至2022年4月的K线图

2020年7月到2022年4月，第一医药的股份先是经历了长时间的下跌，一路从最高的15.79元跌至7.81元，在此位置止跌企稳后才转入上涨之中，并且第一波上涨的高点收回了前期很长一段时间的下跌。

同时，MACD 指标也向上运行到了一个新的高度，这是前面很长时间内都没有达到过的。因此，将此次上涨视作新行情的开始是有根据的，投资者就算没有在低位金叉形成当时买进，也可以在后续的上涨过程中追涨。

这时可能有人会问了，在前面长时间的下跌过程中，MACD 指标也多次形成了低位金叉，这些位置就不可以建仓了吗？

其实严格来说是可以的，投资者只要仔细观察就知道，每次低位金叉形成后，股价都出现了或大或小的反弹，短线投资者还是有抢反弹的机会，只是对于中长线投资者来说不太适用。由此也可以看出低位金叉的风险性，投资者在使用时还是要以谨慎为主。

No.02 上涨途中指标线之间的背离

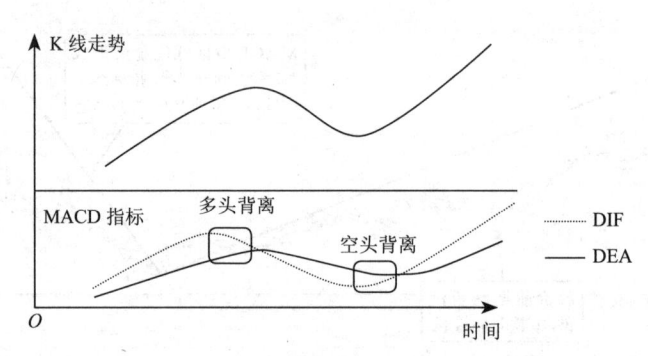

一图展示

图 3-5 上涨途中指标线之间的背离示意图

知识精讲

MACD 指标线之间的背离，其实就是 DIF 与 DEA 在短时间内运行方向产生了差异。

仔细观察示意图可以发现在股价回调下跌的过程中，MACD 指标中的 DIF 是最先转向的，但 DEA 却还维持着上涨，这就形成了一种多头背离。

而当股价回调完毕继续上升，DIF 同样先于 DEA 拐头向上，二者再次产生的背离被称为空头背离。

显然，上涨途中 MACD 指标多头背离的出现，意味着 MACD 指标即将转入下行，同时也标志着股价可能即将进入下跌或正在回调，这里的背离形态就是一个短期卖出信号。

同样的，上涨途中的空头背离就是股价回调完毕，即将转入上涨的提前预示信号。在此之后，若 MACD 指标形成一个高位金叉，则更能确定涨势的延续。那么，在行情看好的情况下，短线投资者就可以再次入场，中长线投资者也可以适当加仓。

拓展知识 *特殊的 MACD 指标线背离情况*

一般来说，在上涨行情中形成多头背离或空头背离之后，DIF 都会与 DEA 产生交叉，并最终改变运行方向，但在实际操作中还有一种非常特殊的情况，那就是 DIF 回落后并未跌破 DEA，而是在 DEA 的支撑下再次回升，如图 3-6 所示。

这就导致了 DIF 与 DEA 之间只会形成多头背离，而没有空头背离，因为 DEA 自始至终都保持着上扬。但正因如此，股价的涨势更能被确定，回调完成后市场继续攀升的概率非常大。对于投资者来说，这无疑是一种更为积极，也更好把握的看多信号。

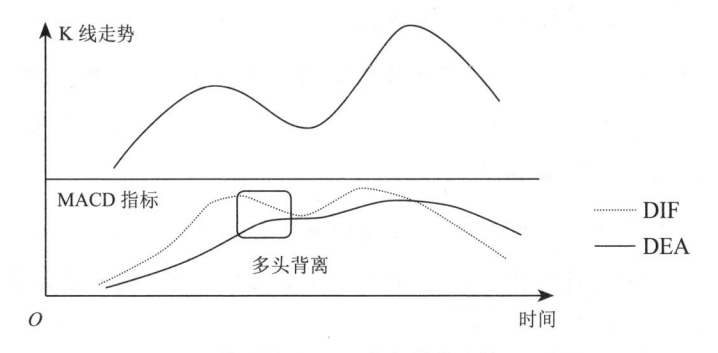

图 3-6 特殊的 MACD 指标线背离情况示意图

下面来看一个具体的案例。

应用实例

杰恩设计（300668）上涨途中指标线之间的背离形态解析

图 3-7 为杰恩设计 2021 年 10 月至 2022 年 2 月的 K 线图。

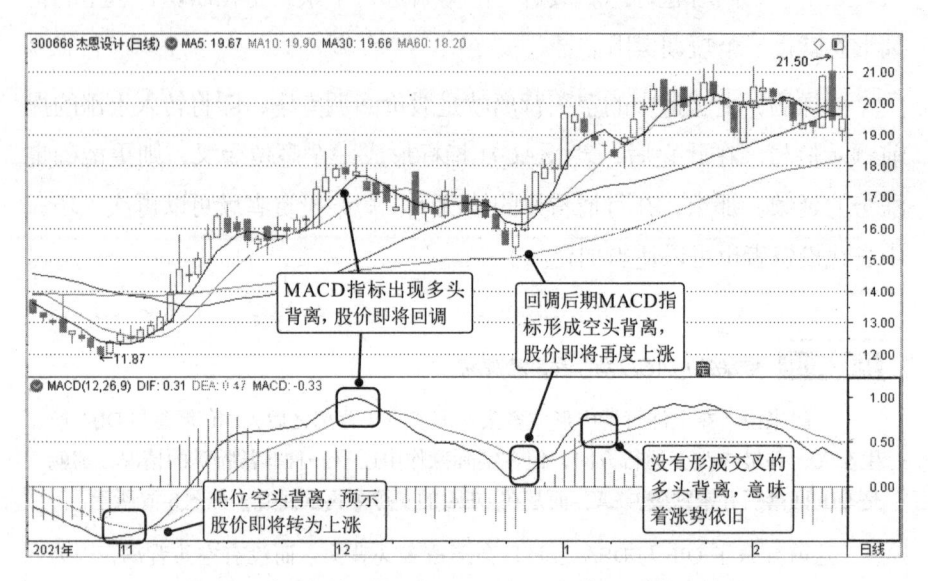

图中标注：
- MACD 指标出现多头背离，股价即将回调
- 回调后期 MACD 指标形成空头背离，股价即将再度上涨
- 低位空头背离，预示股价即将转为上涨
- 没有形成交叉的多头背离，意味着涨势依旧

图 3-7　杰恩设计 2021 年 10 月至 2022 年 2 月的 K 线图

在杰恩设计的这段股价走势中可以发现多处明显的 MACD 指标背离形态，根据背离形态形成的位置和高度不同，其发出的信号和传递的信息在细节上也有所差异，下面就来逐一解析。

从均线的状态和 MACD 指标线所处的位置可以看出，在 2021 年 10 月之前，该股还处于下跌状态，5 日均线、10 日均线和 30 日均线在向下运行，MACD 指标也落到了零轴以下。

不过，10 月底，股价创出 11.87 元的新低后就拐头上涨，MACD 指标中的 DIF 率先回升，与仍在下行的 DEA 形成了空头背离，进一步加强了股价上涨的信号，形成了一个买点。

K 线接连收阳，股价于 11 月中旬上涨至 16.00 元价位线附近滞涨，形成了横盘整理。MACD 指标中的 DIF 上扬角度明显变缓，但没有转为下跌，两条指标线之间依旧保持着同步的走势。数日后，该股横盘结束再度上涨，股价和 MACD 指标线都来到了更高的位置。

12 月初，股价在 18.00 元价位线附近见顶回落。此次下跌幅度较大，DIF 也拐头向下，与 DEA 形成了多头背离，传递出股价即将进入回调的信号，此时，部分谨慎的投资者就可以先行出局了。

在后续的走势中，股价一路向下跌到了 15.00 元价位线上方才止跌企稳，随后形成了快速的回升。与此同时，DIF 立刻拐头向上，与 DEA 形成空头背离后再形成高位金叉，说明股价短时间内涨势确定，场外投资者可以酌情考虑建仓或加仓。

尽管后续股价长时间保持着上涨，但其间难免出现了几次小幅震荡，最为明显的就是 2022 年 1 月上旬的一次回调，股价从 20.00 元价位线附近跌到了 18.00 元价位线上。

MACD 指标也有所反应，DIF 由上扬转为走平，再转为下降，与 DEA 形成了多头背离，但由于股价回调时间较短，数日后就再度上涨了，DIF 也没有继续下行与 DEA 产生交叉，而是与股价同步上行，回到上涨轨道之中。

那么，此处的多头背离就可以作为短线投资者的波段操作卖点，回升的位置就是再次建仓的位置。

No.03　下跌初期的高位死叉

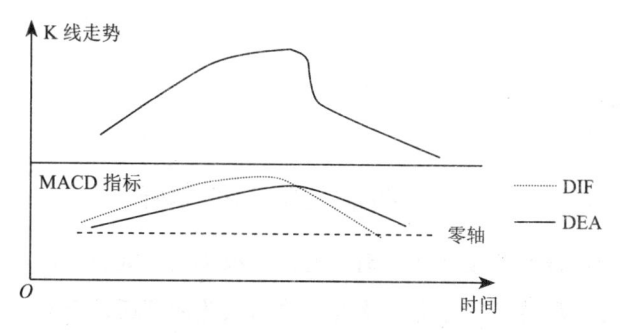

图 3-8　下跌初期的高位死叉示意图

知识精讲

前面已经介绍过了 MACD 指标的低位金叉，那么投资者理解高位死叉的含义也应该比较容易了。高位死叉就是形成于零轴以上的，由 DIF 自上而下穿过 DEA 的交叉形态。

要在高位形成这样的形态，意味着股价前期经历过一波上涨，上涨幅度的大小主要取决于 MACD 指标线的高度。某一时刻股价见顶下跌，带动 DIF 先与 DEA 形成多头背离后再形成死叉，随后一路下滑，直至进入零轴以下，空头持续发力。

由此可见，高位死叉形成后的杀伤力往往比低位死叉更大，因为股价的高度决定了跌落的速度。股价短时间内涨幅越大，涨势越凶猛，那么下跌时的幅度就可能越大。

不过需要注意的是，有时候股价在回调时也会形成高位死叉，但这种死叉出现后，后市不一定会彻底转入下跌，而是在某一位置得到支撑后再次回升，带动 MACD 指标形成高位金叉后继续上行，这种形态在上一个案例中已经展示得很清晰了。

因此，投资者在利用高位死叉进行操作时，依旧需要注意踏空后市行情的可能性。但由于卖出后被套的风险会大大降低，投资者依旧可以执行这一操作，即便后市还有上涨，也可以再次买进，就算会因操作失误造成差价损失，也比判断失误直接被套好。

下面来看一个具体的案例。

应用实例

格力地产（600185）下跌初期的高位死叉形态解析

尽管明白回调和行情转势差别较大，但很多投资者在实际操作时还是难以把握后市的发展情况，也弄不清楚股价到底是回调还是下跌，既怕卖出踏空行情，又怕不卖直接被套。

那么，本案例就选取格力地产的一段完整的涨跌周期，同时假定张某和吴某两位投资者，采用两种不同的策略。最后将两位投资者的收益计算汇总，看看有何差距。

其中，张某执行 MACD 指标高位金叉出现后立即出售，待到股价回升后继续买进的策略一；吴某执行 MACD 指标高位金叉出现后继续持有，待到股价再次下跌时再卖出的策略二。下面就来进行解析。

图 3-9 为格力地产 2020 年 2 月至 6 月的 K 线图。

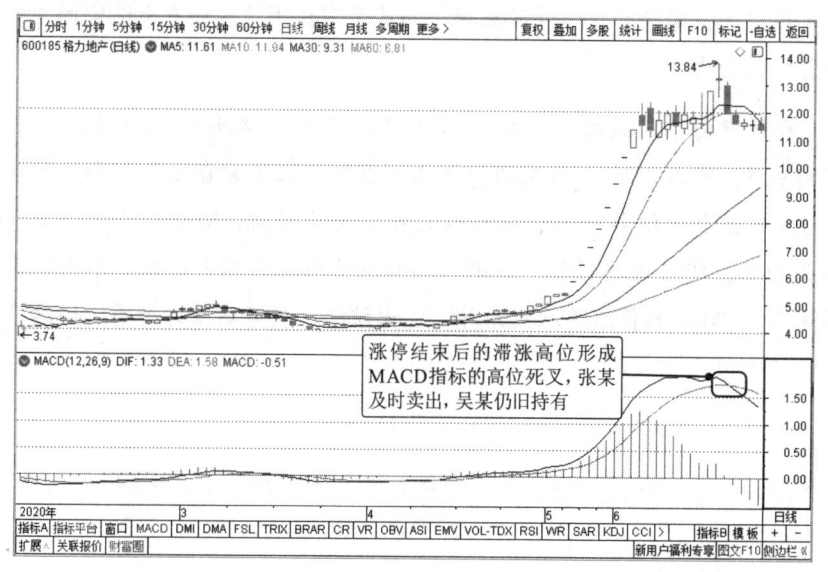

图 3-9　格力地产 2020 年 2 月至 6 月的 K 线图

先来看格力地产上涨过程中的走势，2020 年 2 月到 4 月，股价长时间被限制在 4.00 元到 5.00 元进行横向震荡，整体波动幅度不大。MACD 指标也一直围绕零轴上下徘徊，没有明显的多空区分，两位投资者都在场外持币观望，没有着急入场。

4 月中旬之后，股价开始缓慢上涨，最终于 4 月底成功突破盘整上边线，来到了更高的位置，MACD 指标也一路上行，深入到了零轴以上。此时，始终保持观望的两位投资者看到了机会，纷纷在股价突破完成后以 5.30 元的价格买进 500 股。后续，从 5 月初开始，该股便收出了连续的一字涨停，说明场内主力开始发力拉涨，牛市来临。

如此积极的涨势一直持续到了6月初，该股的涨停板打开后不久，就在12.00元价位线附近受到阻碍，形成了横盘。与此同时，MACD指标的两条指标线上扬角度都减缓了，DIF甚至有向下转向的趋势，证明市场中有大量卖盘抛售，股价上涨动力不足。

此时，张某意识到股价可能再难创新高，已经准备寻找时机卖出了。但该股目前还未出现下跌迹象，MACD指标也只是走平，于是张某决定再持股一段时间，等待卖出信号的出现。而吴某则认为该股还有上涨空间，并不打算轻易卖出。

6月中旬，该股收出一根大阳线冲到了12.00元价位线以上，并在次日形成了一根实体向上跳空的小阳线，整体像极了黄昏之星形态（在本章No.08中会有详细解释）的前两根K线。与此同时，MACD指标中的DIF拐头向下，即将跌破DEA。此时，接收到明确卖出信号的张某不再犹豫，迅速以13.00元的价格将收益结算，退出该股；吴某则坚持持有。继续来看后面的走势。

图3-10为格力地产2020年6月至11月的K线图。

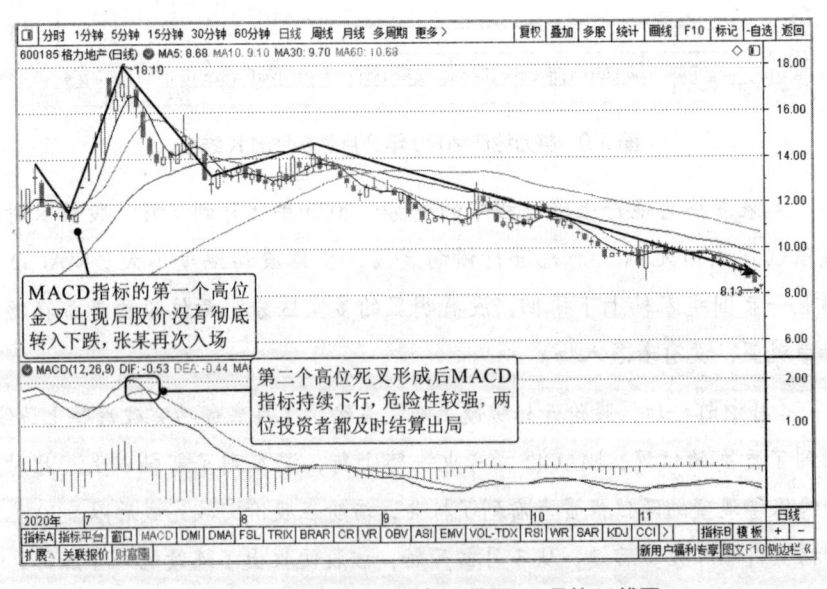

图3-10　格力地产2020年6月至11月的K线图

从图 3-10 中可以看到，该股在向上冲到 14.00 元价位线附近的次日就收阴下跌，形成黄昏之星形态。同时，MACD 指标也形成了一个位置较高的死叉。不过，由于主力拉升尚未结束，该股很快便在 12.00 元价位线下方得到支撑再次回升，进入上涨之中。

此时，张某发现该股还在上升，MACD 指标也在形成空头背离后再度上扬，便认为自己前期判断失误，该股后市可能还有一段涨幅，希望尽快再次买进。但由于股价回升的第一个交易日是一字涨停，张某没有找到机会买进，只能在次日开板的间隙里以 13.80 元的价格再次建仓，数量仍是 500 股。同时，吴某还留在场内等待上涨，既没有卖出也没有加仓。

数个交易日后，该股上涨至 18.00 元价位线附近，随后再次形成滞涨。MACD 指标也出现了转势的迹象，并且指标线的高度与前期相当，并未随着股价的攀升而抬高。这就说明该股涨势可能即将到达尽头，场内获利盘的抛压亟待释放，后市发展不容乐观。

因此，张某决定不再停留，迅速在 17.00 元价位线附近全仓卖出，此时，股价还未彻底转向下跌，吴某依旧留在场内。7 月中旬，股价快速收阴向下，MACD 指标也在形成了高位死叉后持续下行，吴某终于感受到了危机，再加上前期收益已经足够，于是以 15.00 元的价格全仓卖出。

下面来计算两位投资者的收益，看看在不同的策略下，投资者的收益有何差别。

①计算张某的收益。

张某第一次建仓的成本价为 5.30 元，在第一个高位死叉处卖出的价格为 13.00 元，第一阶段的收益如下：

（13.00−5.30）×500=3 850.00（元）

第二次建仓的成本价为 13.80 元，于第二个高位死叉形成之前卖出，价格为 17.00 元，第二阶段的收益如下：

（17.00−13.80）×500=1 600.00（元）

综合来看，张某的收益为 5 450.00 元。

②计算吴某的收益。

由于吴某自始至终都留在场内，成本价为 5.30 元，结算价为 15.00 元，因此，其收益如下：

（15.00-5.30）×500=4 850.00（元）

由此可见，张某的收益明显比吴某高，并且滞留在场内的时间更短，面临的风险也会降低不少，只是张某用在操盘上的精力和时间都要更多一些，对市场走势的把握程度也要深许多。

因此，尽管两种策略产生的收益和风险都有差别，但投资者还是要尽量选取适合自己的策略，不要为了收益盲目买卖，反而因操作失误导致损失。

No.04　MACD 柱状线抽脚

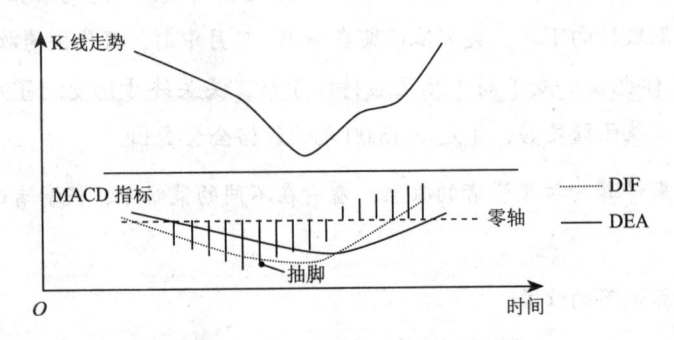

一图展示

图 3-11　MACD 柱状线抽脚示意图

知识精讲

通过前面内容的学习，投资者应该知道 MACD 指标除了指标线和零轴以外，还有一个柱状线。当 DIF 运行于 DEA 之上，MACD 柱状线就会在零轴上方呈现为红色；当 DIF 跌破 DEA，运行于其下方时，MACD 柱状线就会由红转绿并来到零轴下方。

同时，如果投资者仔细观察就可以发现，每当 DIF 向下远离 DEA 时，市场跌势就会愈发迅猛，MACD 柱状线也会向下拉长；但当市场有回暖迹象，DIF 逐步向上靠近 DEA 时，MACD 柱状线就会向上回缩，这就是 MACD 柱状线的抽脚形态。

由此也可以看出，MACD 柱状线的抽脚形态其实是一种预先提示信号。在形态形成当时，股价可能并未产生明显的涨跌变化，市场多头是否打算长期推涨还未可知。因此，该形态发出的买入信号所携带的风险较高，属于短线波段操作信号，适用于风险承受能力较高，操作方式比较激进的短线投资者使用，中长线投资者没有必要在此位置贸然买进。

下面来看一个具体的案例。

应用实例

大连友谊（000679）MACD 柱状线抽脚形态解析

图 3-12 为大连友谊 2020 年 11 月至 2021 年 4 月的 K 线图。

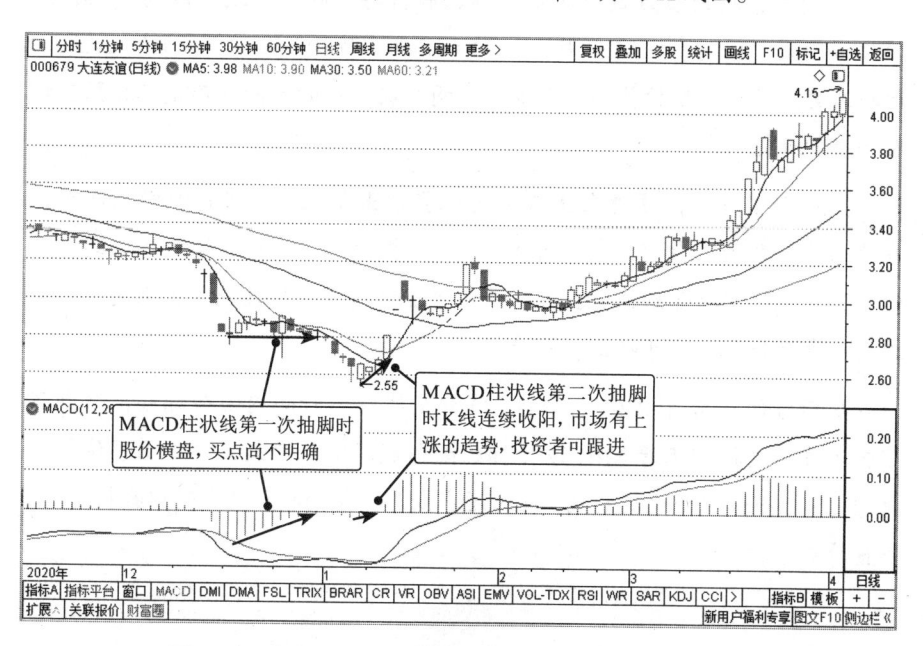

图 3-12　大连友谊 2020 年 11 月至 2021 年 4 月的 K 线图

在大连友谊 2020 年 11 月到 2021 年 4 月这段股价走势中，MACD 柱状线的抽脚形态共出现了两次，都是在接近股价低位的位置形成的，但两处形态的信号强度有所不同。

先来看 MACD 柱状线第一次抽脚的形态。在 2020 年 12 月中旬，该股跌至 2.80 元价位线附近后止跌企稳，随后 K 线收出数根阳线，使得股价出现了反弹的迹象。

此时，原本运行到零轴以下持续下行的 DIF 受到影响，很快走平并被动靠近了仍在下行的 DEA，导致 MACD 柱状线出现了抽脚。

但在该形态出现后，该股并未出现明显的反弹或是上涨走势，反而是在 2.80 元到 2.90 元的狭窄震荡区间内横盘运行，与持续向着零轴缩减的 MACD 柱状线产生了背离。

这就说明尽管市场中的多头有短期上攻的行为，但依旧未能敌过空方的压制，最终形成横盘。此时，就算是激进且老练的投资者，也要仔细考虑这里是否值得买进。

12 月底，场内多方最终难以支撑，股价再度收阴下跌，落到了 2.60 元价位线附近。同时，MACD 指标中的 DIF 也小幅向下远离了 DEA，MACD 柱状线再度拉长，但拉长幅度有限，说明此次下跌的动能并不是那么强，该股仍有回升的机会。

2021 年 1 月初，该股在 2.55 元的位置创出新低后，当日就触底回升，在收出一根阳线后接连上涨。MACD 指标中的 DIF 迅速上行，柱状线也跟随抽脚，说明市场开始强势拉升，股价可能即将开启反弹或是上涨走势，激进的投资者为了抄底可以立刻买进。

从后续的走势可以看到，MACD 柱状线在短时间内由绿翻红，转到了零轴上方。这就意味着 MACD 指标已经形成了低位金叉，再加上股价接连收阳上涨，整体涨势比较明确，此时还在场外观望的投资者也可以择机建仓，持股待涨了。

No.05　MACD 柱状线缩头

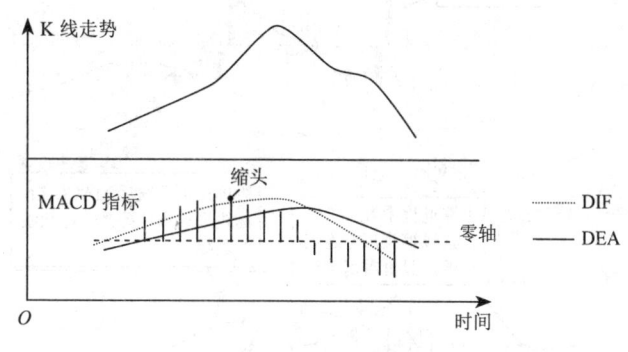

一图展示

图 3-13　MACD 柱状线缩头示意图

知识精讲

MACD 柱状线缩头与 MACD 柱状线抽脚相对应，指的是 DIF 向下靠近 DEA 时，位于零轴上方的 MACD 柱状线缩短的过程。

一般来说，当 MACD 柱状线缩头形态出现后，MACD 指标将很快出现一个高位死叉，那么该形态传递的就是卖出信号。

但还有一种特殊情况，就是之前在介绍 MACD 指标线背离形态时提到过的，DIF 向下靠近了 DEA，但最终没有将其跌穿，而是在其支撑下再次上扬的走势。在这种情况下，股价可能只会出现短短数日的下跌，后续依旧会回归上涨。因此，投资者在发现这种形态后可以先行卖出，也可多观察几日再决定。

下面来看一个具体的案例。

应用实例

中晶科技（003026）MACD 柱状线缩头形态解析

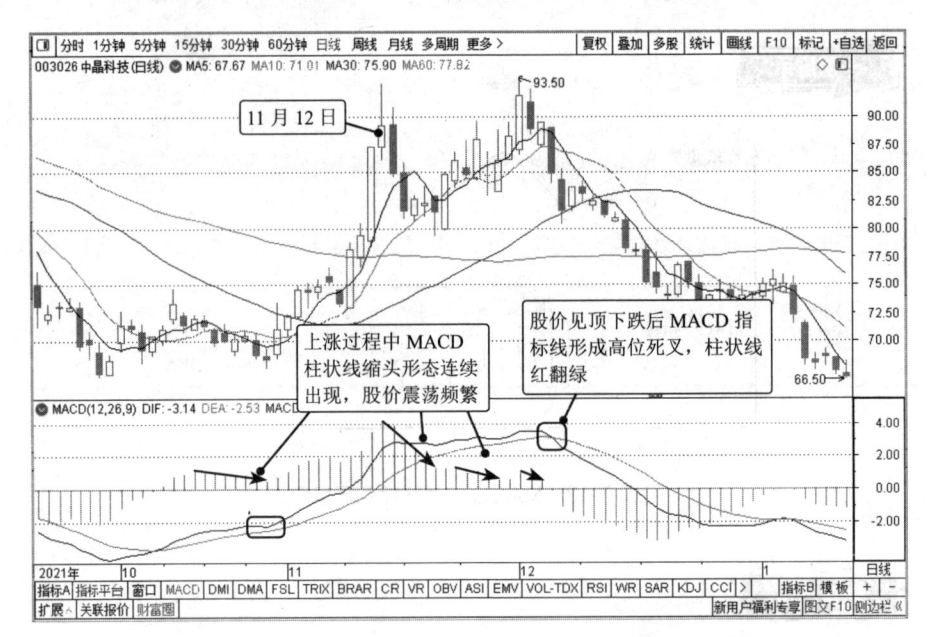

图 3-14 为中晶科技 2021 年 9 月至 2022 年 1 月的 K 线图。

图 3-14　中晶科技 2021 年 9 月至 2022 年 1 月的 K 线图

观察中晶科技的这段股价上涨走势可以发现，MACD 柱状线缩头形态出现得非常频繁，图中标注出了四处比较明显的位置，由此可见其涨势并不稳定，适合短线投资者进行波段操作。

从均线的状态可以看出，在 2021 年 9 月，股价还处于下跌状态，MACD 指标长时间处于零轴以下。直到进入 10 月后，K 线才逐步收阳，形成了震荡式的上涨，MACD 指标也跟随回升，构筑出低位金叉后持续上行。此时，MACD 柱状线已经由绿翻红，开始向上拉长。

不过当股价回升至 75.00 元价位线附近时，来自上方的压力导致价格阶段触顶下跌。MACD 指标中的 DIF 受到影响减缓了上扬角度，但 DEA 仍旧在上行，二者逐步靠近，导致 MACD 柱状线形成了缩头形态，代表着股价的回调。

此时，由于 MACD 指标并未出现下跌，形态发出的卖出信号并不急迫，短线投资者可以先行出局，其他投资者可以暂时继续持有。

MACD 柱状线的缩头形态一直持续到了 10 月底，股价才在 70.00 元价位线下方得到支撑再次上扬，DIF 也开始向上远离 DEA，MACD 柱状线再度拉长，形成积极的上升走势。

在此期间股价也经历过小幅度的震荡，MACD 柱状线也有过缩头形态，但仅仅持续了一个交易日，很难当作卖出信号来看待。

在后续的走势中，该股大幅收阳上涨，短短数日后就来到了 90.00 元价位线以上，涨幅惊人。MACD 指标被带动运行到了零轴上方，柱状线也快速拉长。

但就在 11 月 12 日股价越过 90.00 元价位线的当天，K 线收出一根带长上影线的阳线，说明股价突破有困难。次日，该股收阴开始下跌，MACD 柱状线形成缩头，发出了明确的卖出信号，短线投资者要注意止盈。

11 月下旬，该股在 80.00 元价位线上得到支撑回升，开启了又一波的拉升行情。此次拉升涨速稍缓，但涨势依旧，不过观察 MACD 柱状线却发现，在股价上升的同时，柱状线还在间歇性地缩头，并且整体高度相较前期明显降低。这说明 DIF 与 DEA 的距离无法拉开，市场涨势虚浮，股价可能即将见顶，谨慎的投资者要及时卖出。

果然，不久之后，该股创出 93.50 元的新高后就拐头下跌，跌速较快，MACD 指标紧随其后发生了转折，DIF 自上而下穿过 DEA，在形成高位死叉的同时，也导致了 MACD 柱状线由红翻绿，宣告下跌的开始。经历了前期数次警告都坚持持有的投资者，此时最好不要再继续，越早卖出越能止损。

二、MACD 指标与 K 线形态的结合

K 线的特殊形态指的是由多根 K 线构成的，具有特殊含义和强烈预示意义的形态，其中包含了见顶、见底反转形态和各种中途形态等，比如早晨之星、三只乌鸦等。

这些特殊形态单独在特定位置形成时，都具有较高的参考价值，但如

果将其与 MACD 指标结合，将会起到更为有效的信号传递作用，可为投资者带来更确切的买卖信号。

No.06　MACD 低位金叉 + 早晨之星

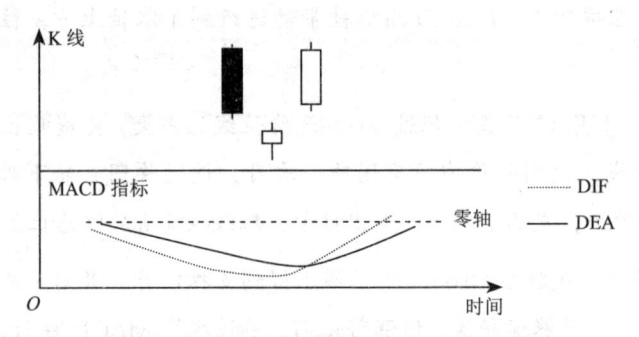

一图展示

图 3-15　MACD 低位金叉 + 早晨之星示意图

知识精讲

这里需要重点解析的是 K 线的早晨之星形态，它由三根 K 线构成，第一根为向下延伸的大阴线，代表着下跌行情的继续；第二根为实体向下跳空的小 K 线，也可以是十字星线；第三根为向上大幅回升的中阳线或大阳线，无须与前一根 K 线产生缺口，但实体需要深入第一根阴线内部，甚至全部覆盖，以显示市场推动上升的决心。

由此可见，早晨之星形态是一个微缩的涨跌转变过程，因此，它属于见底反转形态，易出现在阶段底部和行情底部，传递的是买入信号。

MACD 指标在其中又能起到什么作用呢？自然是对形态信号的确认。在早晨之星形成之前，股价会产生一段时间的下跌，MACD 指标大概率会进入零轴以下。

当转折发生，早晨之星构筑完成时，若 MACD 指标能很快形成低位金叉，就说明市场中的买盘跟上了上涨的步伐，开始建仓入场。这就能在很大程度上确定上涨的动力是否充足，从而避免错误信号的出现，防止投资者在下跌时买进，造成损失。

下面来看一个具体的案例。

应用实例

麦趣尔（002719）MACD 低位金叉 + 早晨之星形态解析

图 3-16 为麦趣尔 2020 年 11 月至 2021 年 3 月的 K 线图。

图 3-16　麦趣尔 2020 年 11 月至 2021 年 3 月的 K 线图

本案例选取的是麦趣尔在股价上升行情中回调的底部形成的早晨之星，这一点从该股整体的走势也可以看出。在 2020 年 11 月，股价从上一波回调中恢复过来，开始继续上涨，但很快于 12 月中旬在 8.50 元价位线附近受阻，进入又一次的回调之中。

这一次回调的时间较长，跌幅也比较大，将原本已经回到零轴之上的

MACD 指标下拉到了零轴下方。与此同时，MACD 柱状线也由红翻绿，并在持续下跌中不断拉长。

进入 2021 年 1 月后，该股在 7.00 元价位线附近止跌横盘数日后加速下跌，拉出了一根跌幅达到 4.40% 的大阴线。次日，股价低开后持续下滑，盘中形成触底回升走势，当日收出一根带长下影线的小阴线。

第三个交易日，该股以平价开盘，但在开盘后即形成了震荡式的上涨，最终收出一根涨幅达到 4.77% 的大阳线，阳线实体向上大幅延伸，刚好覆盖住了第一根阴线的实体。至此，这三根 K 线已经完全符合早晨之星的技术形态要求，向投资者发出了初步的买入信号。

此时再来观察 MACD 指标，可以发现，在第三根大阳线出现的同时，MACD 柱状线已经出现了抽脚现象。随后，DIF 开始与 DEA 之间形成空头背离，看多信号越来越密集。

1 月下旬，DIF 终于上穿 DEA，形成了低位金叉，彻底确定了升势。此时，K 线已经上升到了 7.00 元价位线以上，并且涨势稳定，那么投资者就可以在合适的位置买进了。

No.07　MACD 持续上扬 + 前进三兵

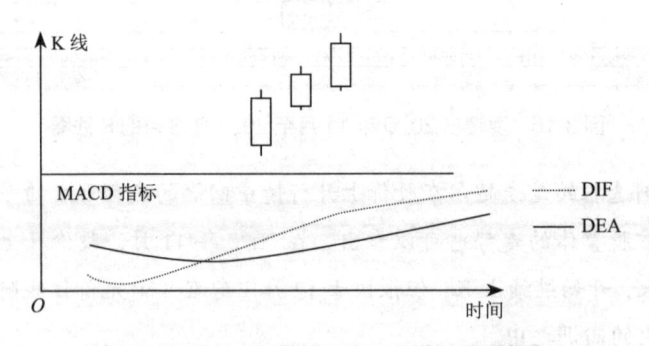

图 3-17　MACD 持续上扬 + 前进三兵示意图

第三章 观察多空力量转换：MACD

知识精讲

前进三兵是上涨过程中形成的持续性形态，它由三根 K 线构成，都是上升的阳线，每一根阳线的开盘价都要处于前一根阳线内部，或是处于前日收盘价相近的位置，收盘价依次高于前一根阳线的收盘价，呈现出紧密切合，交错上涨的状态。每根阳线的实体越长，形态发出的看涨信号越强烈。

若 MACD 指标在前进三兵形成前就已经转入上扬，并且后续形成持续的上升状态，就能够进一步确定后市涨势的可持续性，投资者建仓后盈利的可能性也更大。

拓展知识 前进三兵的另外两种衍生形态

一般来说，前进三兵传递的是明确的看多信号，但有些形成于回调前夕或是转势前夕的前进三兵，通过每一根阳线的细微改变，可能会发出截然不同的信号。

第一个是升势受阻，也被称为前方受阻三兵，指的是形态中第二根和第三根阳线，或者仅仅是第三根阳线，表现出上涨势头减弱的迹象，并且上影线较长，构成前方受阻状态，图 3-18（左）为升势受阻形态示意图。

另一个是升势停顿，也被称为前方停顿三兵，指的是形态中第二根阳线为长实体，并且向上创出了新高，第三根 K 线实体较小，上影线同样较长，构成了一个停顿状态，图 3-18（右）为升势停顿形态示意图。

这两种形态并不是后市延续上涨的预兆，而是股价即将阶段见顶或是行情见顶的标志，在此之后也许还有一段上涨空间，但下跌的可能性也比较大。若MACD指标也有形成多头背离，或是柱状线缩头形态的趋势，投资者就要注意及时止盈出局，或是保持高度警惕。

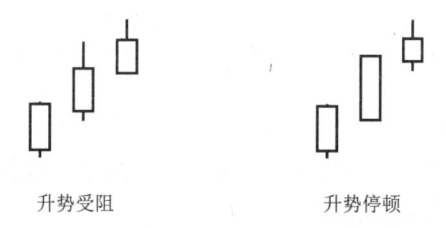

升势受阻　　　　　升势停顿

图 3-18　升势受阻（左）和升势停顿（右）形态示意图

下面来看一个具体的案例。

应用实例

青岛金王（002094）MACD持续上扬+前进三兵形态解析

前面介绍了前进三兵及其衍生形态，为了让投资者更清晰地看到其中的区别和操作策略的差异，本案例选取了青岛金王2021年1月到9月的股价走势，由于前进三兵及其衍生形态很少会在一段趋势中出现，因此，本案例只介绍前进三兵和升势停顿两种形态，投资者可以借此来进行对比和分析，以便未来遇到这些形态时能迅速做出反应。

图3-19为青岛金王2021年1月至5月的K线图。

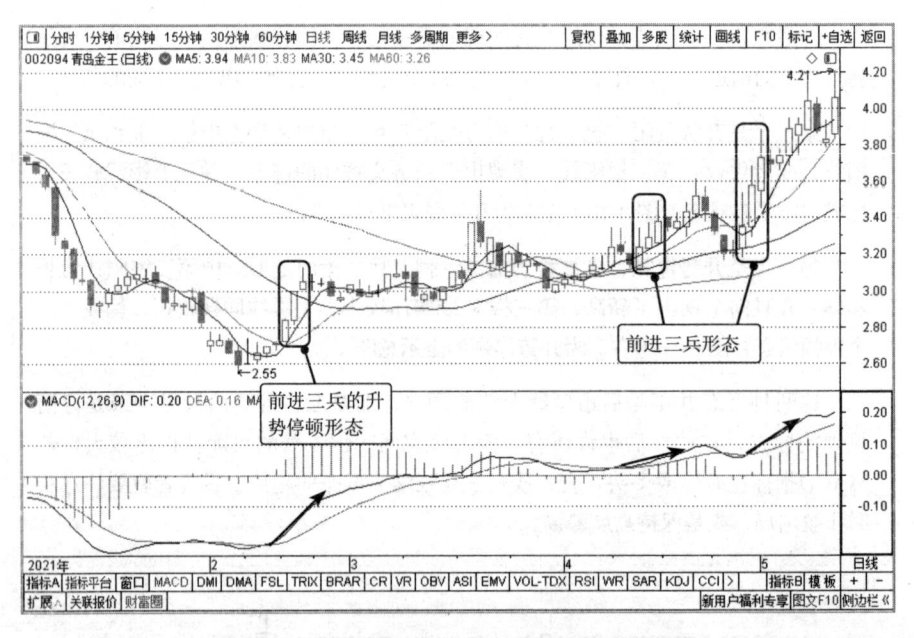

图3-19 青岛金王2021年1月至5月的K线图

先来看前面一段走势，从均线的走势可以很明显看到，在2021年1月及之前，股价其实是处于下跌走势中的，一直到了2月初，价格才在2.55元的位置止跌，随后形成回升。

在后续长达数月的上涨走势中，股价一直在重复上升、遇阻回调、再上升、再遇阻回调的过程，涨势并不稳定。就在这样反复的过程中，前进三兵形态多次出现，图上标注了几处比较明显的位置，下面就来逐一解析。

第一个比较明显的前进三兵形态形成于2月，2月18日K线收出一根实体较长的阳线，次日股价在前日收盘价上开盘，随后一路高走，收出一根实体更长的阳线。但到了第三日时，股价开盘后出现冲高回落走势，当日收出一根带长上影线的小阳线。

整体来看，这三根K线比较符合前进三兵的升势停顿形态，与此同时，MACD指标也从零轴下方向上运行，形成了持续的上扬。但由于升势停顿意味着该股在后续可能会进入回调，因此，波段操作的短线投资者可在这一高点兑利卖出，先行出局观望。

继续来看第二个前进三兵的位置。4月，股价在突破前期高点的过程中，从整体走势可以看到，3.20元价位线其实是一条比较重要的压力线，在股价突破的过程中K线能够连续收阳，形成前进三兵，MACD指标也在零轴上方持续上扬，就说明短时间内市场涨势还是比较强劲的，投资者可以试着追涨，适当建仓。

第三个前进三兵就是在这一波拉升结束，股价回调完成后形成的。从其实体长度就可以看出，这一次的前进三兵发出的信号强度更大了，市场拉升的速度明显加快。MACD指标此时也来到了较高的位置，并且DIF与DEA的距离在拉大，更加确定了涨势，此时也是买进的机会。

在前期上涨过程中完成建仓后，投资者还要继续关注后期的涨势，确定合适的卖出时机，或是加仓时机。

图3-20为青岛金王2021年5月至9月的K线图。

在5月之后，股价的涨势并不稳定，但涨跌规律性比较强，股价每一次明显的回调基本都踩在60日均线上，沿着这条斜线呈波浪式地向上运行，导致MACD指标也产生了波浪式的运行，前进三兵形态潜藏其中。

7月初，股价回调到4.00元价位线附近后止跌横盘，最终在多方的支撑下快速收阳上涨形成了三根实体较大的K线，并且第三根阳线上涨幅度最大，形成的前进三兵形态比较标准。同时，MACD指标在零轴上方也由跌转升，开始上扬，向投资者发出看多信号。

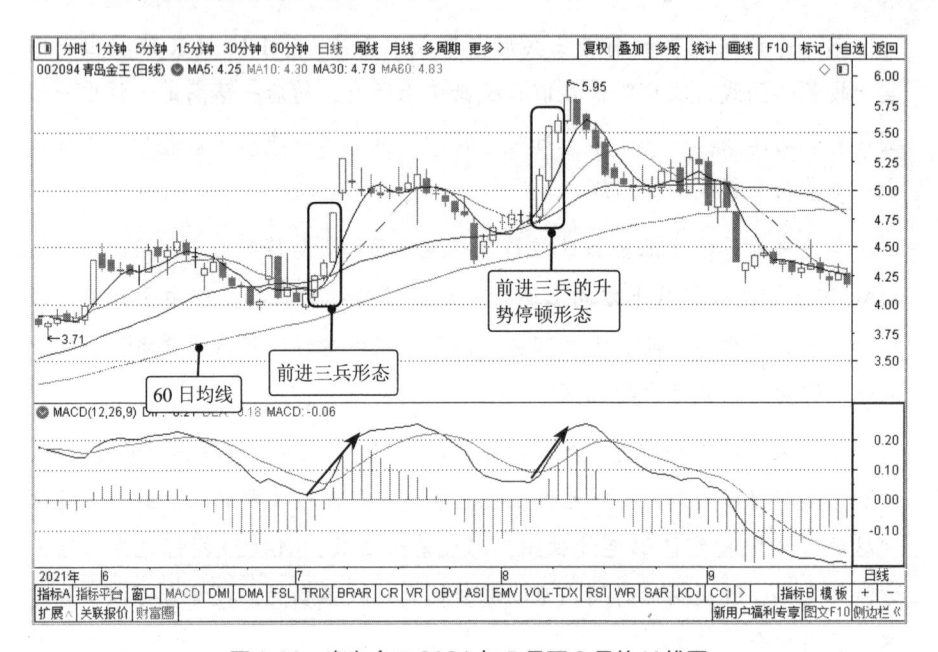

图 3-20　青岛金王2021年5月至9月的K线图

8月初，该股在完成了一次波浪形涨跌后，来到了4.75元价位线附近，并从此处开始了下一波快速拉涨。

K线先收出了两根实体较长的大阳线，第三日依旧收阳，但实体明显缩减不少，与前两根阳线一同构成了前进三兵的升势停顿形态。尽管MACD指标出现了对应的积极走势，但K线形态依旧意味着上方有压力，股价即将见顶回落。

鉴于股价这段时间涨跌规律性较强，此次见顶可能是阶段见顶，但也不能排除行情见顶的可能。因此，短线投资者和部分谨慎的中长线投资者可以出局观望，其他投资者则尽量保持谨慎，一旦股价有彻底转势的迹象就要迅速卖出，保住收益。

No.08 MACD 高位死叉 + 黄昏之星

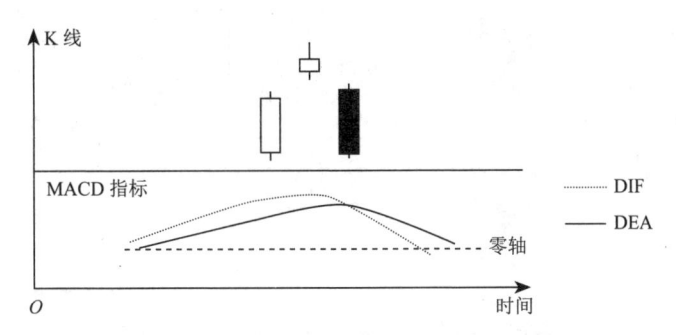

一图展示

图 3-21 MACD 高位死叉 + 黄昏之星示意图

知识精讲

黄昏之星与早晨之星相对应，同样是由三根 K 线构成的，技术形态就是早晨之星的翻转，即第一根为继续上升的阳线，第二根为实体向上跳空的小 K 线或十字星线，第三根则是大阴线，实体要深入或吞没第一根阳线的实体。

既然技术形态是早晨之星的反转，那么黄昏之星的含义和形成位置自然也是反转。它常在阶段顶部或行情顶部出现，发出见顶信号。如果此时 MACD 指标能够在股价下跌后迅速形成一个高位死叉，那么后期跌势的确定性就会大大提高，投资者卖出也要更加果断。

下面来看一个具体的案例。

应用实例

莫高股份（600543）MACD 高位死叉 + 黄昏之星形态解析

图 3-22 为莫高股份 2020 年 10 月至 2021 年 2 月的 K 线图。

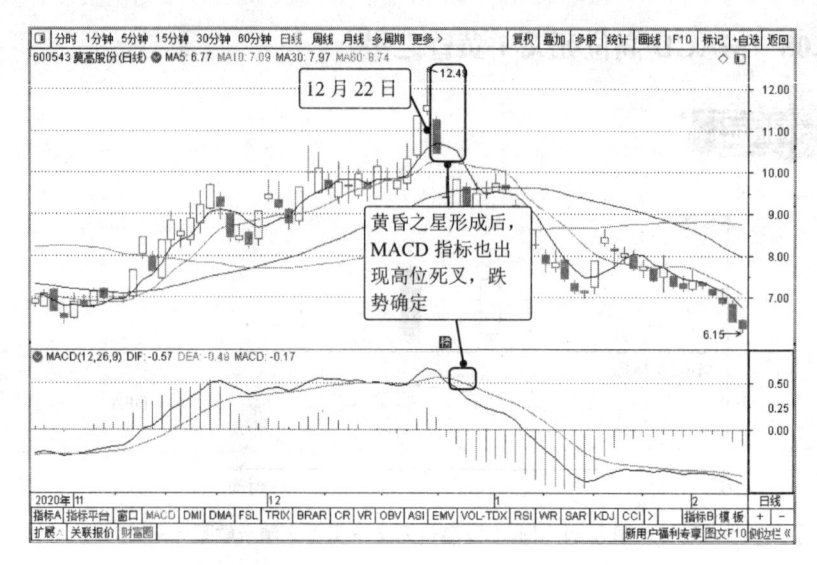

图 3-22 莫高股份 2020 年 10 月至 2021 年 2 月的 K 线图

黄昏之星形态与 MACD 指标高位死叉的结合形态很好分辨，在莫高股份的这段股价涨跌走势中就只有一处，那就是在整段走势的最高点。

12 月 22 日，该股以高价开盘后震荡上行，很快便在早盘时间内来到了涨停板上。尽管在下午时段涨停板不断开板交易，但最终 K 线还是以涨停收盘，当日形成一根实体较长的大阳线。

12 月 23 日，该股依旧高开高走，并冲到了涨停板上，但还未坚持到早间收盘就开板跌落了，到了下午时段更是持续下滑，最终收出一根带长上影线的小阳线。尽管当日依旧有 2.20% 的涨幅，但振幅高达 10.04%，说明了场内抛压开始加重。

12 月 24 日，该股大幅低开后直接下坠，数分钟后就跌到了跌停板上封住，直至收盘都没有再打开，最终收出一根大阴线。将这根大阴线与前面两根阳线结合来看，黄昏之星的形态已然明朗。

与此同时，MACD 指标中的 DIF 也拐头向下，与 DEA 产生了多头背离，意味着股价有转向下跌的趋势，投资者要保持高度警惕。

在黄昏之星形成后的次日，K 线收出一根倒 T 字线，又产生了一次跌停。MACD指标也在高位形成了死叉，进一步确定了下跌走势的开启。此时，还未离场的投资者就要抓紧时间卖出了。

No.09　MACD持续下行 + 三只乌鸦

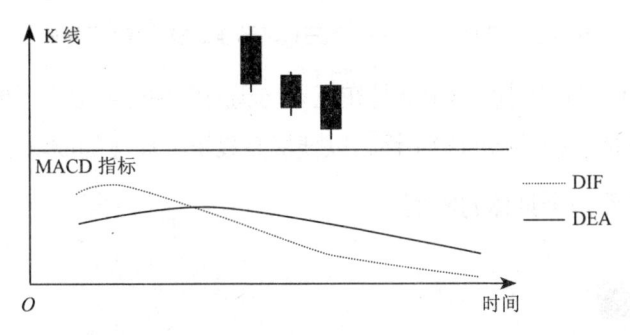

图 3-23　MACD 持续下行 + 三只乌鸦示意图

三只乌鸦指的是 K 线连续收出三根长实体阴线，阴线的开盘价在前一根阴线的实体以内，或是在前一根阴线的收盘价相近的位置，收盘价则依次下降。

与前进三兵类似，三只乌鸦也存在两种衍生形态：一种叫三胎乌鸦，变化方向主要体现在三根阴线的细微变化上；另一种叫三只乌鸦挂树梢，关键在于在形态出现之前是否存在一根阳线。

- ◆ **三胎乌鸦形态**：指的是三根 K 线的上下影线较短甚至没有，并且实体较长，标准形态就是三根连续的光头光脚大阴线。这样的形态释放的卖出信号是最强的，后期可能出现暴跌，图 3-24（左）为三胎乌鸦 K 线形态示意图。

- ◆ **三只乌鸦挂树梢形态**：指的是在形态的第一根阴线出现之前，K 线收出了一根阳线，阴线的实体部分要低于阳线的最高价位，从图形上看，恰似三只乌鸦挂在将要枯萎的大树之上。这种形态发出卖出信号的强度要比普通三只乌鸦强，预示着股价见顶，图3-24（右）为三只乌鸦挂树梢K线形态示意图。

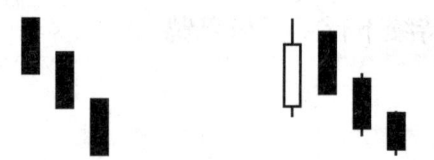

图3-24　三胎乌鸦（左）和三只乌鸦挂树梢（右）示意图

MACD指标此时的作用就是在三只乌鸦或两种衍生形态形成的同时持续下行，验证后续跌势的确定性，以便提高投资者操盘的成功率。

下面来看一个具体的案例。

应用实例

金财互联（002530）MACD持续下行＋三只乌鸦形态解析

图3-25为金财互联2022年1月至3月的K线图。

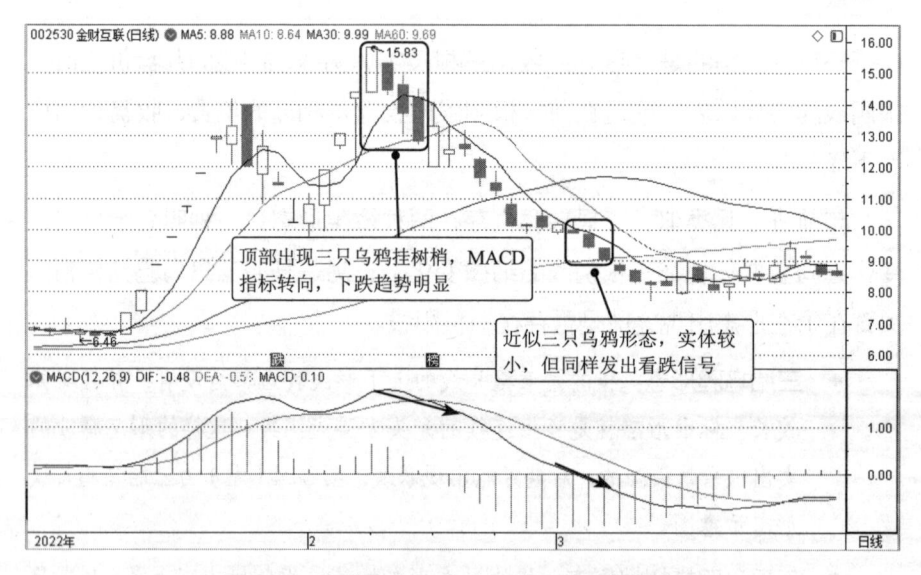

图3-25　金财互联2022年1月至3月的K线图

三只乌鸦及其衍生形态其实很常见，在金财互联2022年1月到3月就出现了两个，图中标注出的是最为明显的两处。

首先来看第一个三只乌鸦形态，可以发现，其形成于2月中上旬，也就是行情的顶部。在此之前，该股已经在短时间内经历了连续的一字涨停，短暂回调后又继续收阳上冲，一个月左右的时间内就从6.50元价位线附近冲到了15.00元价位线以上，涨幅高达131%。

由此可见，该股盘中积累的短期获利盘和中长期潜伏盘已经非常多了，并且都在寻找时机准备卖出，抛压会逐渐加大。从MACD指标的状态其实也可以看出，在股价第二次上冲的过程中，MACD柱状线的峰值就已经出现了明显的下降，这都表明买盘无力，卖盘积极。

因此，在该股创出15.83元的新高，随后连续三日大幅收阴，形成三只乌鸦挂树梢的看跌形态，MACD指标也同时形成高位死叉并持续下行时，场内投资者就要及时发现行情转势信号，尽量在形态形成过程中，或是在其后横盘的数日内及时出局，以期止盈或止损。

从后续的走势也可以看到，在该股从顶部滑落后，K线接连收阴，MACD指标也长期下滑，弱势行情明显。3月初，该股在10.00元价位线附近横盘数日后再度下滑，形成了一个近似三只乌鸦的形态，尽管三根阴线的实体较小，但MACD指标下滑角度较大，整体依旧发出了后市看跌的信号，提醒被套投资者应尽快止损。

三、MACD指标经典形态应用

除金叉、死叉等交叉形态外，MACD指标中的两条指标线在运行过程中的波动转折，同样会形成一些特殊形态。

当这些形态经常出现，对投资者的操作又能产生有效的指导作用，那么，它们就具有被研究和分析的价值。人们会给这些形态取名，并对其技术形态制定标准和规范。本节就来介绍几种常见的且成功率相对较高的特殊形态，方便投资者实战使用。

No.10　佛手向上回调结束

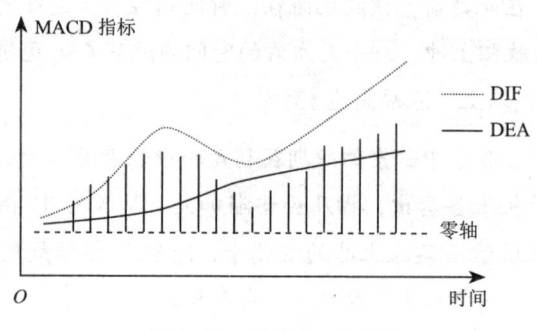

一图展示

图 3-26　佛手向上示意图

知识精讲

佛手向上中的"佛手"主要指的是 MACD 指标中的 DIF 与 DEA 两条线。当 K 线上升，指标线在前期形成金叉，DIF 运行到 DEA 以上后，MACD 指标整体转移到零轴上方。

某一时刻股价回调，带动 DIF 向下靠近 DEA，但在还未接触到 DEA 时就被再次回升的 K 线带动上行，构成了一个手指向上翘起的佛手向上形态。

由此可见，佛手向上是一种明确的看涨信号，当其形成于上涨行情中时，买入信号会更加强烈和可靠。因为它意味着股价此次的回调时间短，幅度小，后市的上涨可能非常迅猛。那么，短线投资者就可以在佛手向上形态的凹陷处买进，中长线投资者也可以适当加仓。

下面来看一个具体的案例。

应用实例

司尔特（002538）佛手向上形态解析

图 3-27 为司尔特 2021 年 7 月至 11 月的 K 线图。

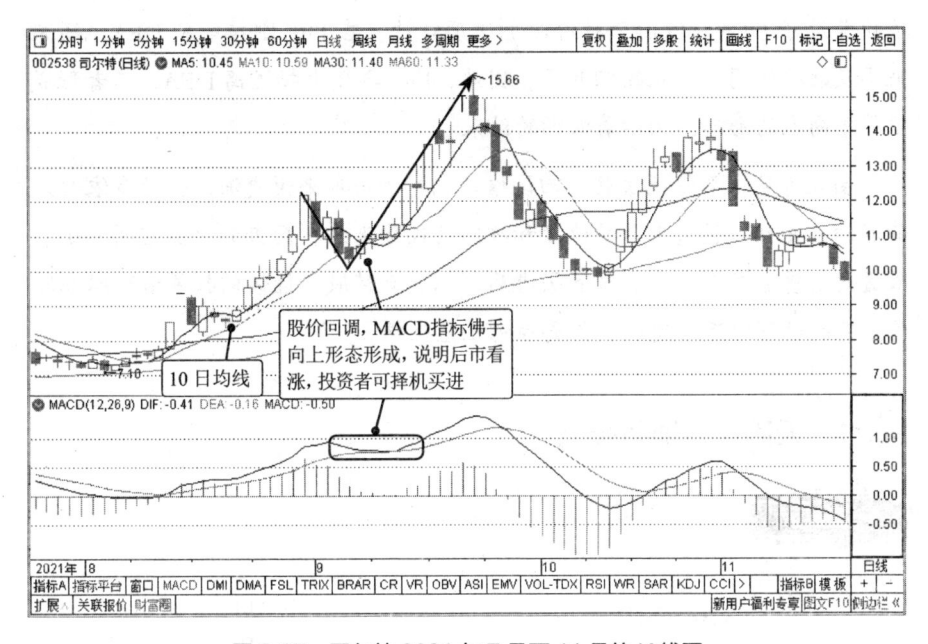

图 3-27　司尔特 2021 年 7 月至 11 月的 K 线图

从图 3-27 中可以看到，2021 年 7 月到 8 月初，该股还在进行回调。股价一路下滑至 7.00 元价位线附近才止跌企稳，随后开始逐步回升。与此同时，MACD 指标在下行至零轴附近后也跟随上升，形成了一个黄金交叉后持续向上。

8 月中旬，该股上涨至 9.00 元价位线以上后就受阻回调，但回调幅度非常小，股价还没有接触到 10 日均线就被带动继续上行了。MACD 指标在此期间的变化幅度也比较小，DIF 仅仅走平并靠近了 DEA，没有形成明显的下滑，因此，也不能将其看作是佛手向上，但买入信号还是存在的，短线投资者依旧可以在此处建仓。

继续来看后面的走势。在此次回调完成后，该股持续收阳上涨，踩在

5日均线上快速攀升，很快便来到了12.00元价位线以上。不过，由于获利盘亟待抛售的压力存在，该股在此受阻回调，数日内就跌到了10.00元价位线附近。

此时来观察MACD指标，可以发现DIF出现了明显的拐头向下走势，很快靠近了DEA。但由于股价回调速度较快，在DIF刚接触到DEA，还未来得及跌破的同时就止跌回升了，因此，DIF再度上扬远离DEA，二者形成了佛手向上的形态，预示着回调的结束。

由此可见，尽管此次股价回调幅度相对于前期来说更深，但后市依旧是看涨的，并且从股价上升的速度和收阳的幅度来看，后期的上涨空间不小。激进的投资者在佛手向上位置买进后可以一直持股，谨慎的投资者可以在股价上涨的过程中适当追涨，但要注意止盈止损。

No.11 天鹅展翅即将腾飞

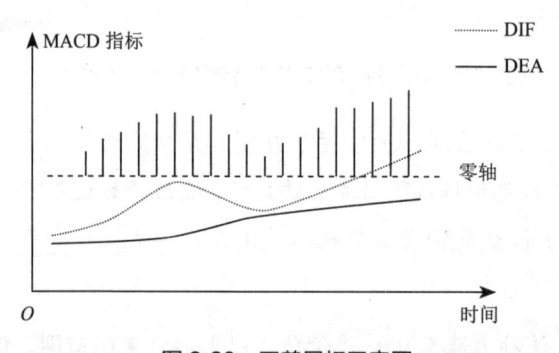

一图展示

图3-28 天鹅展翅示意图

知识精讲

天鹅展翅形态其实与佛手向上非常相似，只是DIF与DEA靠近又远离的过程形成于零轴以下，待到DIF再度上扬后，MACD指标线才逐渐运行到零轴以上,仿佛天鹅展翅从湖中起飞。

如果佛手向上是在上涨过程中的回调期间形成,那么,天鹅展翅就可能是在上涨行情起步初期出现的。不过在长期、大幅回调的后期,以及下跌行情中反弹的前夕也可能出现天鹅展翅形态,毕竟要让 MACD 指标深入到零轴以下,股价大概率经历过幅度或大或小的下跌。

因此,天鹅展翅的买入信号比佛手向上更强烈,但危险性也更高,投资者不能排除股价小幅回升后继续下跌的可能性,所以,在操作时要保持谨慎,随时准备止盈卖出。

下面来看一个具体的案例。

应用实例

尚荣医疗(002551)天鹅展翅形态解析

图 3-29 为尚荣医疗 2020 年 12 月至 2021 年 8 月的 K 线图。

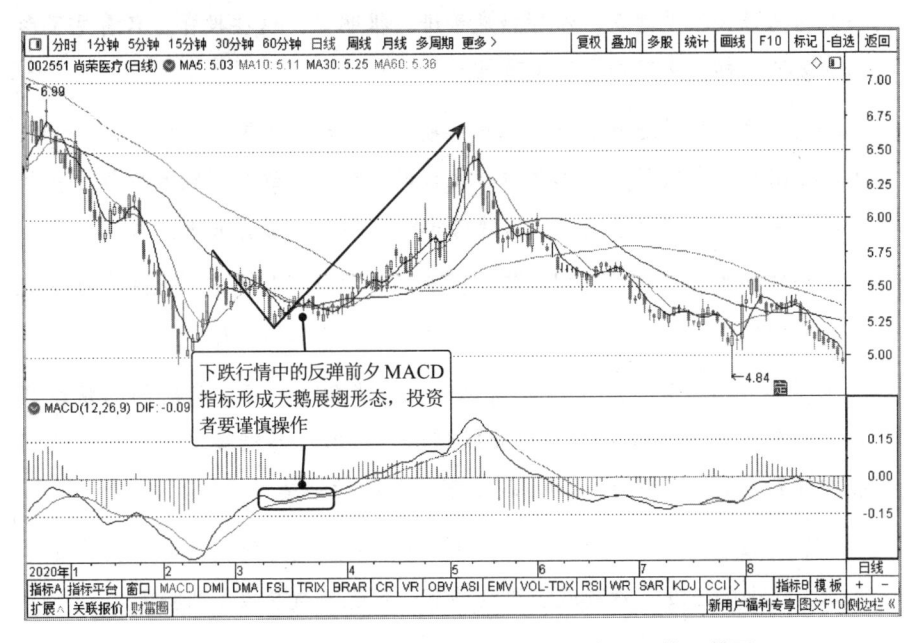

图 3-29 尚荣医疗 2020 年 12 月至 2021 年 8 月的 K 线图

前面佛手向上形态选取的案例是在上涨行情的回调过程中，重点展示的是形态辅助买进的优势，本案例则选取的是下跌行情中反弹前夕形成的天鹅展翅形态，来向投资者展示这种买入形态的风险性。

从尚荣医疗 2020 年 12 月到 2021 年 1 月的 K 线走势，以及均线组合的状态来看，投资者可以很明显地看出下跌行情正在进行，MACD 指标早已进入到零轴以下，跟随 K 线的波动而上下震荡。

进入 2 月后，该股在 5.00 元价位线附近止跌企稳后迅速反弹，收阳幅度较大，数日后就将价格推到了 5.75 元价位线附近。此次积极的反弹使得 MACD 指标也反应激烈，在零轴下方形成低位金叉后跟随 K 线上扬。

不过在此之后，股价受阻形成回落，但低点没有跌破前期低点，证明反弹还未结束。MACD 指标的表现也证明了这一点，在股价回落的过程中，DIF 拐头向下靠近了 DEA，也没有将其跌破，而是在股价再度上升的带动下向上远离 DEA，形成了天鹅展翅形态。

这时，有些投资者可能就将形态当作了上涨行情开启的标志，于是在股价回落的低位大批量建仓，希望抄底买进。很明显，这些投资者只看见了形态的积极性，却忽略了形态的风险性。

如果这样的操作遇到真正的上涨初期，可能会相当奏效，但作为投资者，并不能保证自己每次的判断都是准确无误的。因此，这种冒险的操作方式并不可取，要盈利，就要求稳，每次建仓都适可而止，留有余地。

从后续的走势也可以看到，股价上涨的走势越来越稳定，上涨幅度越来越大，单独观察这一段走势，确实很有上涨行情开启的气势。

但在 5 月初，股价在 6.50 元价位线上方受阻下跌后，短时间的跌速非常快，并且在 5.75 元价位线附近止跌横盘一段时间后继续下滑。这就说明该股即将面临的不是深度回调，就是下跌行情的延续。

机警的投资者早在股价下跌，MACD 指标形成高位死叉时就卖出了；惜售的投资者若还没有看清风险继续持有，可能会遭受较大的损失。

No.12　海底捞月即将上攻

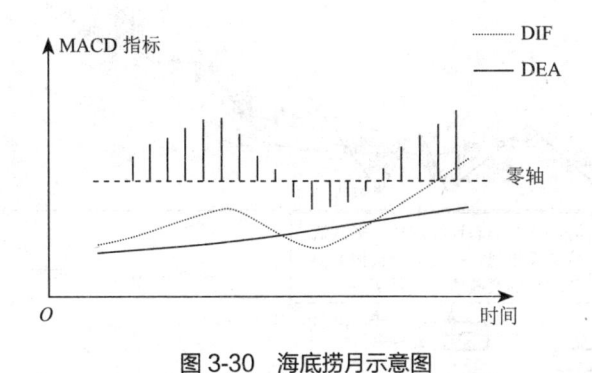

一图展示

图 3-30　海底捞月示意图

知识精讲

海底捞月形态也形成于零轴以下，但 DIF 会彻底下穿 DEA，待到某一时刻股价回升后，才会拐头向上突破 DEA 形成低位金叉，随后开启了下一波的上涨。

因此，在海底捞月形成时出现的低位金叉，很可能是一个二次甚至多次金叉。也就是说，MACD 指标在前期更低的位置已经形成了一个或数个低位金叉，只是伴随着股价的回调，DIF 再度跌到了 DEA 以下而已。

所以，这种形态依旧预示着后市看涨，只要 MACD 指标能够深入零轴以上，股价短时间内的涨势还是比较确定的，投资者可以适当买进。

下面来看一个具体的案例。

应用实例

鼎通科技（688668）海底捞月形态解析

图 3-31 为鼎通科技 2022 年 2 月至 8 月的 K 线图。

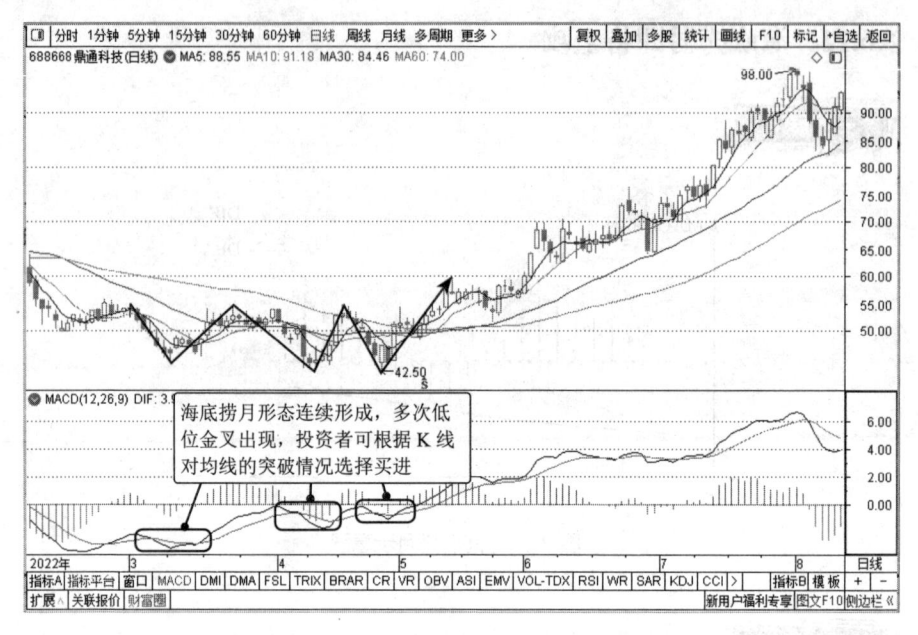

图 3-31　鼎通科技 2022 年 2 月至 8 月的 K 线图

从鼎通科技这段时间的走势来看，该股正从前期的下跌中恢复过来，逐步进入上涨行情中。而在股价筑底回升的过程中，形成了数个海底捞月形态，下面来逐一进行解析。

第一个海底捞月形成于 3 月初，此时股价整体被压制在长期均线以下，MACD 指标也在较低的位置。但在这一个海底捞月形态形成后，该股产生的反弹未能突破长期均线，就说明市场推涨动力还不够，投资者可以不着急买进。

第二个海底捞月形成于 4 月初，股价整体走势与前一次相近，尽管依旧未能突破长期均线，但已经有了上涨的希望，激进的投资者可以试探性地买进，少量建仓并保持关注。

在第三个海底捞月形成时，MACD 指标线已经非常靠近零轴了，而 K 线也在再次的回升过程中成功突破了长期均线，并在小幅回踩确认支撑后继续上行，MACD 指标成功突破到零轴以上。这就说明该股筑底完成，市场多方在经过一段时间的积累后成功压制住空方，开始大力推涨。此时，谨慎的投资者也可以追涨入场了。

第四章

分析超买超卖现象：KDJ

KDJ指标与MACD指标一样，都是实战利用率高、买卖信号相对可靠的技术指标。但由于KDJ指标敏感度较高，反应速度非常快，因此，更适合短线投资者进行波段操作，中长线投资者也可以将其当作选择买卖点的工具，本章就将对其进行详细介绍。

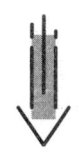

一、KDJ 的特殊形态与摆动区域

KDJ 指标又被称为随机指标，是一种摆动类指标，研判依据主要集中在指标的两大特殊运行区域，以及三条敏感度不同的指标线上，图 4-1 为 KDJ 指标的摆动区域和指标线。

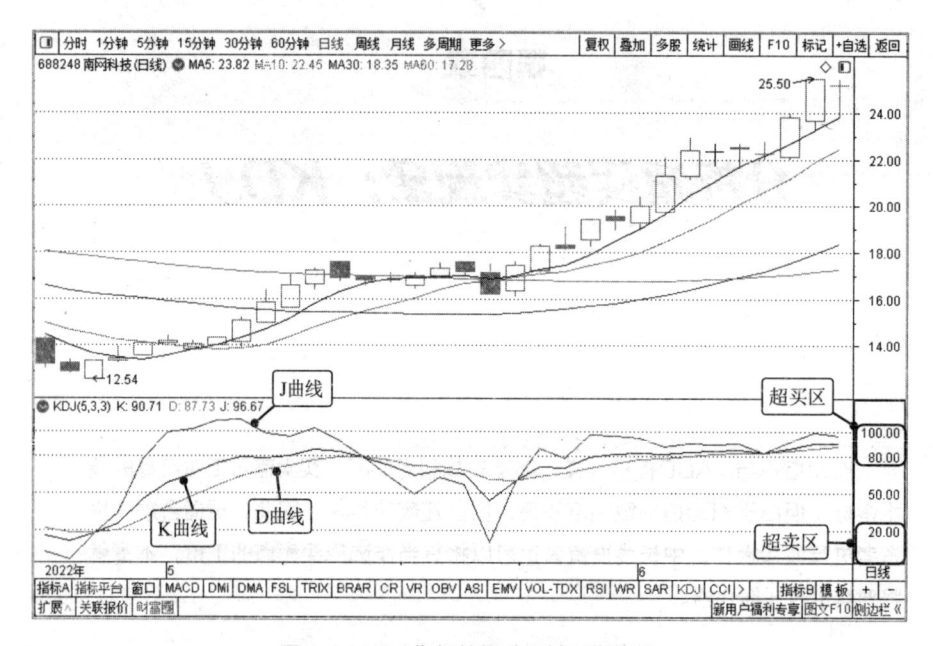

图 4-1　KDJ 指标的摆动区域和指标线

从图 4-1 中可以看到，KDJ 指标包含了三条曲线，分别是 K 曲线、D 曲线和 J 曲线，其中 J 曲线的波动幅度最大，K 曲线居中，D 曲线最小。除此之外，KDJ 指标的两大特殊摆动区域分别是 80～100 的超买区，以及 0～20 的超卖区，20～80 区域则是正常运行区域。

从每个摆动区域的名称就可以看出，当 KDJ 指标运行于超卖区时，市场中就已经出现了超卖的现象，也就是说，场内卖盘数量大大超越了买盘的承接能力，股价大概率处于下跌状态；相反，当 KDJ 指标运行于超买区时，市场中的买盘就会更为积极，股价上涨的可能性也越大。

下面就来学习 KDJ 指标的一些基础用法。

No.01　形成顶底形态的 K 曲线

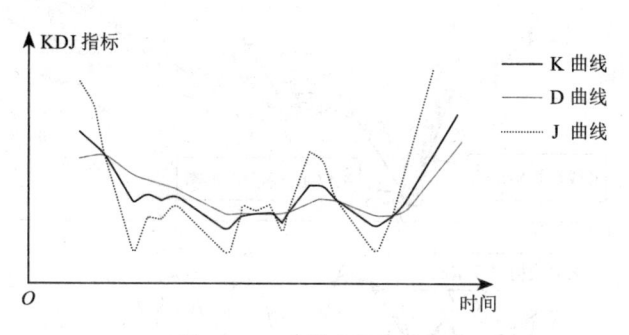

一图展示

图 4-2　K 曲线多重底示意图

知识精讲

在 KDJ 指标运行过程中，K 曲线一般居于 D 曲线和 J 曲线之间，波动幅度适中，与 K 线图中的 K 线贴合度较高。因此，它很容易构筑出一些特殊的顶底形态，比如多重底、双重顶、V 形底、倒 V 形顶等，图 4-2 为 K 曲线多重底示意图。

一般来说，当 K 曲线构筑顶底形态时，如果股价正好处于涨跌转折的过程中，那么后市运行趋势发生变化的可能性还是比较大的。尤其是当 K 线也形成了一些特殊的顶底形态时，这种信号的可靠度就更高了。

因此，如果投资者发现 KDJ 指标中的 K 曲线和 K 线图中的 K 线都在构筑特殊形态，就要保持高度关注和警惕了，准备及时建仓或卖出。

下面就以 K 曲线的双重底为例来分析一个具体的案例。

应用实例

东华测试（300354）K 曲线的双重底分析

图 4-3 为东华测试 2022 年 2 月至 8 月的 K 线图。

图4-3 东华测试2022年2月至8月的K线图

在东华测试2022年2月至8月的这段走势中，股价正在经历从下跌到上涨的转变。粗略一看，KDJ指标的走势似乎比较混乱，找不到规律，但如果将其分段来分析，就能看出许多不一样的东西。

首先来观察下跌走势中KDJ指标的表现。2022年2月，股价进行了一次幅度不小的反弹，导致KDJ指标从超卖区内一路上冲。J曲线在短时间内冲上了超买区，K曲线则在离80线还有一段距离时就停下了，说明市场追涨程度不高，股价仅仅只是反弹而已。

进入3月后，股价又开始了下跌、反弹、再下跌的过程，KDJ指标在此期间也跟随形成了多次转折。由此也可以看出，KDJ指标的敏感度确实非常高，即便是短线投资者，也没有必要在指标每一次产生转折时进行买卖。

继续来看后面的走势，在股价又一次反弹见顶下跌后，K线就连续收阴下跌，很快于4月中旬来到了26.00元价位线附近，在此止跌横盘了一段时间。KDJ指标也受其影响，三条指标线都迅速下滑到了超卖区以内，证明市场中抛压较重。而在股价横盘的过程中，买盘有所反弹，导致KDJ指标拐头向上，K曲线在20线以下形成了一个低点。

但该股的横盘并未持续太长时间，数日后就再度下跌了，KDJ 指标也跟随下滑，K 曲线形成了一个高点后，再次进入了超卖区以内。此时，K 线也跌到了 20.00 元价位线附近，在收出一根阴线后的次日，股价高开高走，收出一根大阳线，两根 K 线构成了类似旭日东升的看多形态。

在此之后，K 线接连收阳上涨，KDJ 指标迅速回升，形成了第二个低点，若将其与前期走势结合来看，可以明显看出双重底的形态。此时返回观察 K 线，能发现 K 线在急跌后急涨，形成了 V 形底的底部形态，与 KDJ 指标的双重底形态相辅相成，传递出了后市看涨的双重信号。

在这种强烈信号的催促下，许多投资者已经开始建仓了。激进的投资者可以跟随追涨，谨慎的投资者则可以再观察一段时间，毕竟 K 线还没有彻底突破前期高点，上涨走势也没有彻底确定。待到该股成功突破 28.00 元价位线投资者再买进，成功率就会高许多。

No.02　D 曲线对 50 线的穿越

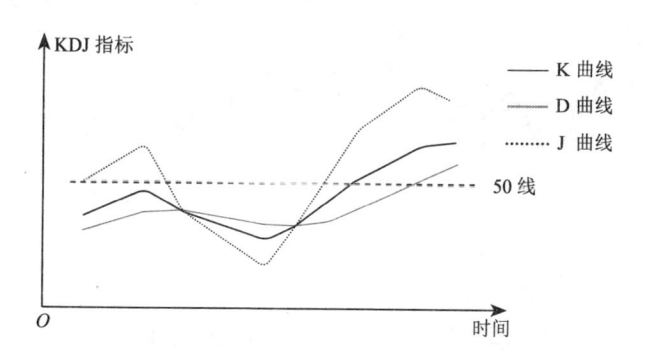

一图展示

图 4-4　D 曲线对 50 线的向上突破示意图

知识精讲

作为三条指标线中最稳定的一条线，D 曲线对 50 线的穿越是具有比较高的参考价值的，尤其是当其完成穿越后长期在 50 线一侧运行。

D 曲线对 50 线的穿越主要包含向上突破和向下跌破，含义很好理解，即 D 曲线向上突破 50 线，回踩不破，就代表市场多方发力，股价正在上涨，是投资者追涨的机会；若 D 曲线向下跌破 50 线，回抽不过，自然是空方压价，股价产生下跌导致的，投资者就要及时出局了。图 4-4 为 D 曲线对 50 线的向上突破。

注意，这种回踩不破、回抽不过的情形是一种比较理想的状态，出现的频率其实并不高。在大多数的情况下，D 曲线会反复震荡，与 50 线纠缠，让投资者难以辨明恰当的买卖时机。那么，此时投资者就要根据 K 线的变化来决定是否进行操作。

下面来看一个具体的案例。

应用实例

固德威（688390）D 曲线对 50 线的穿越分析

图 4-5 为固德威 2022 年 1 月至 4 月的 K 线图。

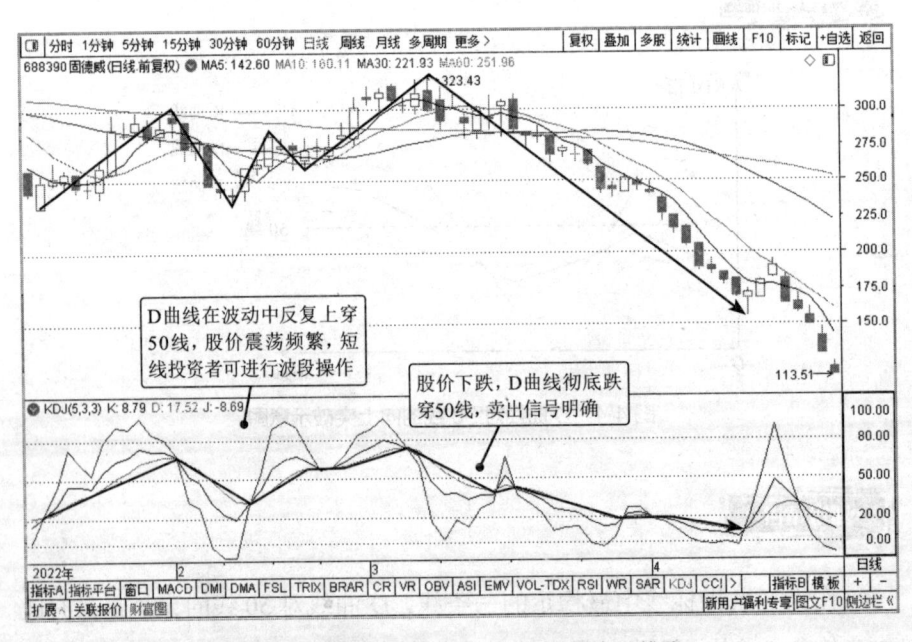

图 4-5　固德威 2022 年 1 月至 4 月的 K 线图

先来看固德威在震荡走势和下跌走势中，KDJ 指标中 D 曲线的表现。2022 年 1 月到 2 月，股价长时间在 250.00 元到 300.00 元进行震荡，让人短时间内难以摸清未来的发展方向。

KDJ 指标在震荡走势的影响下，也在 50 线附近产生了反复的波动。D 曲线多次穿越 50 线，穿越的形态还是比较清晰的，中长线投资者不便操作可以不予理会，短线投资者则可以借此进行波段买卖。

到了 3 月初，该股上涨至最高 323.43 元的位置，随后开始缓慢下滑，带动 D 曲线逐步向下靠近 50 线，并在见顶下跌数日后将其彻底跌破。

3 月中旬，该股在下跌过程中产生了小幅的反弹，D 曲线也跟随波动，但并未突破 50 线，呈现出回抽不过的状态。并且，在此之后，K 线也再度下跌，D 曲线持续下行，很快进入了超卖区以内。这就说明该股的下跌趋势基本确定，投资者要注意及时止损。

下面来看当该股这一波下跌结束，进入上涨后，KDJ 指标中的 D 曲线又会有怎样的表现。

图 4-6 为固德威 2022 年 4 月至 10 月的 K 线图。

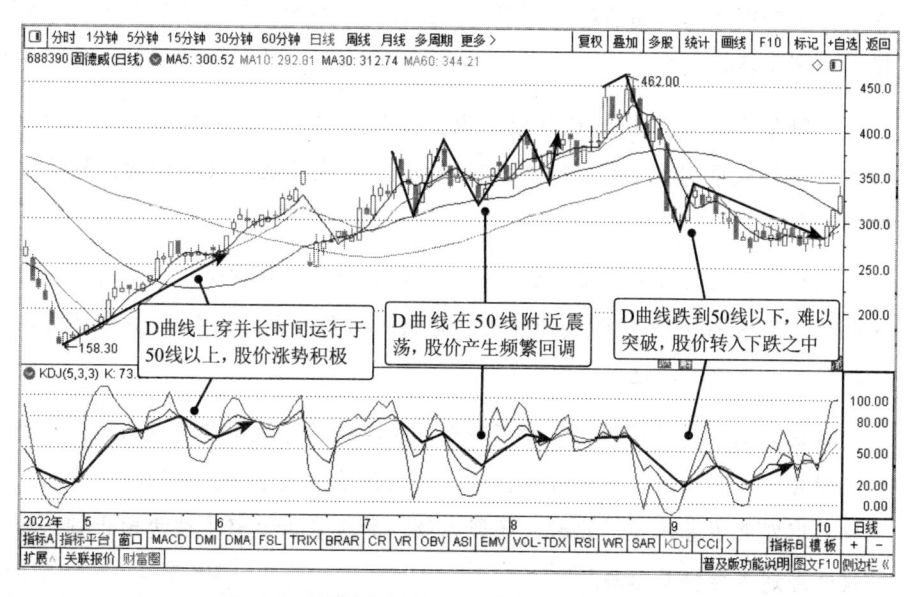

图 4-6　固德威 2022 年 4 月至 10 月的 K 线图

从后续的走势可以看到，该股在 4 月底就到达了 112.21 元的位置，在此止跌后开始收阳，进入上涨之中。D 曲线在这一波拉升的带动下从 20 线以下回升，数个交易日后就成功突破到了 50 线以上。

在后续长达一个月的时间内，该股上涨走势非常稳定，D 曲线不断上行，逐步接近了 80 线，J 曲线更是直接突破到了超卖区以内。KDJ 指标的表现更加确定了该股的积极涨势，此时，投资者就可以择机追涨买进了。

该股这一波上涨一直来到了 350.00 元价位线上方，才于 7 月初在该价位线附近受阻，出现了一次明显的回调。此时，长时间维持在 80 线附近的 D 曲线立刻跟随拐头向下，接近但未跌破 50 线。不过，伴随着股价反复的震荡，D 曲线愈发下滑，最终在 7 月下旬跌破了 50 线。

而在后续的走势中，该股多次进行回调和上涨，整体进入震荡走势中，导致 D 曲线与 50 线产生纠缠。在此阶段，投资者在难以把握后市走向的情况下，可以先行兑利卖出，也可以继续持股观望。

这样的状态维持了将近一个半月，在 8 月中旬迎来了转机。股价在一次大幅收阳的推动下，终于冲破了 400.00 元价位线的限制，来到了其上方，但在创出 462.00 元的新高后就迅速下行，数日内又跌到了该价位线下方，并呈现出持续走弱的状态。

此时来观察 KDJ 指标就可以发现，在股价拐头下跌的同时，KDJ 指标的三条指标线都同步下行，D 曲线不断向着 50 线靠近，最终跌破，随后运行到其下方。

虽然后续该股在 9 月初形成了一次反弹，但由于反弹幅度小、时间短，未能让 KDJ 指标中的 D 曲线产生太大波澜，回升形成的高点离 50 线还存在一段距离，表现为回抽不过。

这就说明市场在经历这一波下跌后，正在持续释放卖盘造成的抛压，买盘也因为这一变故不愿入场接盘，这就导致价格愈发下跌，恶性循环开始，该股后市发展不容乐观。此时，还留在场内的投资者最好尽快卖出止损，场外投资者则不要轻易参与。

No.03　J曲线在摆动区域外运行

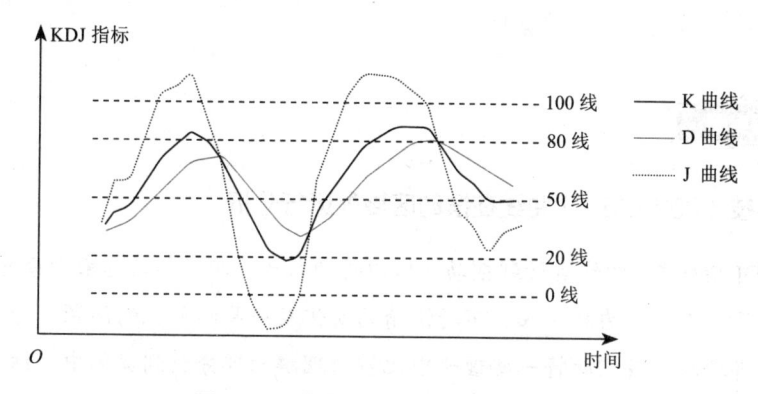

一图展示

图 4-7　J曲线在摆动区域外运行示意图

知识精讲

经过前面的学习投资者应该知道，KDJ指标的摆动区域为0～100的区域。细心的投资者会发现，在很多时候，KDJ指标中的J曲线会因波动幅度过大，直接超越到了0线和100线之外，这是D曲线和K曲线从未出现过的，这是为什么呢？

这其实涉及了指标的设计原理，投资者无须详尽了解，只需要明白，K曲线和D曲线的取值范围都在0～100，只有J曲线可以超越这一限制即可。

但J曲线并不是任何时候都可以在摆动区域外运行的，一般来说，只有当股价短时间内涨跌速度较快，或是在某一段时间内的涨跌走势非常积极时，才会导致J曲线超出摆动区域。

由此可见，当J曲线在某段时间内持续震荡，并数次突破到100线以上时，就说明这段时间股价的涨势大概率非常惊人（也有可能是震荡幅度过大），突破的形态越密集，上涨积极性就越高，此时买进的成功率会比较可靠。

相反，如果 J 曲线在某段时间内数次跌到 0 线以下，也可以证明这段时间内市场卖盘造成的抛压较大，投资者要注意卖出。可见，J 曲线在摆动区域之外的运行，也能为投资者提供一定的信息。

下面来看一个具体的案例。

应用实例

祥鑫科技（002965）J 曲线在摆动区域外运行分析

KDJ 指标中 J 曲线运行到摆动区域以外的行为，其实解读起来十分复杂，有时候还会涉及主力的介入、市场情绪的变化及一些细节上的问题。为了方便投资者理解，我们就将一些理论中比较难理解的部分放到案例中，结合真实的走势，帮助投资者从 J 曲线的变动中分析出股价的大致走向。

图 4-8 为祥鑫科技 2022 年 4 月至 10 月的 K 线图。

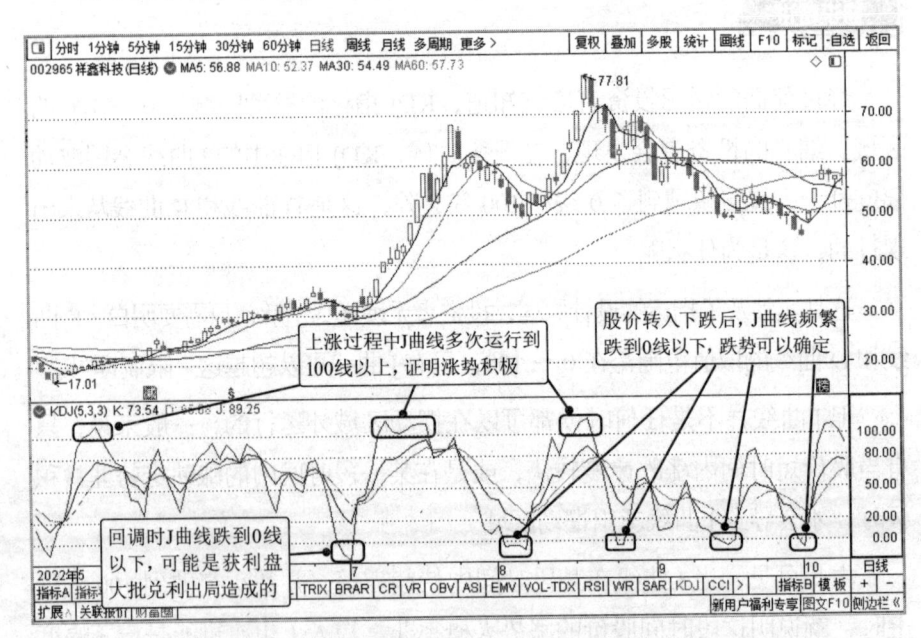

图 4-8　祥鑫科技 2022 年 4 月至 10 月的 K 线图

图 4-8 展示的是祥鑫科技一段相对完整的涨跌周期，从图中应该可以很

明显地划分出上涨行情和下跌行情,下面就来分段解析。

先来看上涨行情中 J 曲线的变化。从 KDJ 指标的状态可以看出,在 2022 年 5 月之前,该股还在下跌,三条指标线的位置都比较低。直到进入 5 月后,该股才连续收阳上涨,带动 KDJ 指标迅速拐头上行,J 曲线更是一路从 0 线以下突破到了 100 线以上,短时间内实现了对整个摆动区域的穿越。

这说明在经历一段时间的下跌后,场外围拢的买盘越来越多,一旦价格出现上升迹象,买盘大批涌进,就会导致 KDJ 指标短时间内快速上升,那么摆动幅度最大的 J 曲线直接突破到 100 线以外,也就可以理解了。

仔细观察可以发现,K 曲线和 D 曲线都没有进入超买区内。仅仅 J 曲线产生了激烈的变化,虽然这并不能代表股价涨势多么惊人,但买入信号还是明确的,投资者可以选择时机建仓入场。

在后续的较长时间内,股价涨势比较稳定,长期踩在 5 日均线和 10 日均线上向上攀升。KDJ 指标受其影响,大部分指标线都运行到了 50 线以上,有时还会进入超买区内,就连最敏感的 J 曲线,低点也没有跌破过 20 线,这才是股价上涨积极的有力证明,投资者此时追涨的安全性要高许多。

这样的上涨一直持续到了 6 月底,该股在 35.00 元价位线附近受阻,随后出现了小幅回调。此时,该股相较于前期的 17.00 元左右,涨幅接近 106%,中途追涨的投资者基本都已经获利。那么,此处的回调就像是短期兑利的信号,大量短线盘和部分谨慎的中线盘出局,造成抛压骤增,KDJ 指标迅速下行,J 曲线跌到了 0 线以下。

从这样的角度来解读,就可以知道此处 J 曲线跌破 0 线的行为,并不是后市看跌的信号,而是股价短时间整理,预备下一波拉升的标志。仔细一看,K 曲线和 D 曲线都在 20 线以上,因此,投资者不必惊慌,该出局观望的出局观望,打算继续持有的就继续持有。

7 月初,该股在 30.00 元价位线附近得到支撑后再次上涨,这一波拉升的涨速明显加快,收阳幅度增大不少。KDJ 指标在这样的动力带动下,迅速回到了摆动区域内,后续持续上扬,直到三条指标线都进入了超买区。J 曲线再度来到了 100 线以上,甚至在其上方运行了近半个月的时间。

由此可见，只有当市场中多方大大增加资金投入，买盘大批量涌进推涨，才会造成这样的效果。也就是说，此时不止有散户在买进，主力介入拉升的痕迹也比较明显，投资者此时跟进，有机会抓住短期的大幅收益。

7月下旬，该股在70.00元价位线下方受阻后，开始了第二波明显的回调。此时，市场的反应也比较好理解了，卖盘的数量大增，KDJ指标再度下行，J曲线再次来到0线以下，K曲线也小幅进入了超卖区，说明这一次空方的压力更大了，毕竟股价回调幅度较深。此时短线投资者可以跟随卖出，中长线投资者也可以酌情减仓，先将一部分收益落袋。

8月初，股价止跌回升，KDJ指标与价格同步向上，再次营造出积极的市场追涨氛围，J曲线运行到100线以上，买进机会来临。但此时位置已经比较高了，投资者追涨切记谨慎。

从后面的走势可以看到，8月中旬，该股在77.81元的位置见顶下跌，很快便跌破前期高点，并一路在震荡中来到了50.00元价位线附近。在此阶段内，KDJ指标也跟随下行，三条指标线基本都进入了80线以下，J曲线更是频繁跌到0线以下。这是股价看跌的明显标志，再结合股价的弱势走势，基本可以确定下跌的到来，此时投资者就要及时止损卖出了。

No.04　指标线长时间位于超买区附近

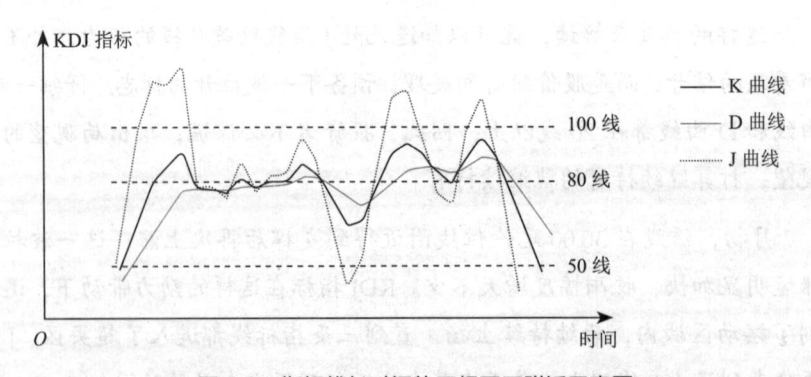

一图展示

图4-9　指标线长时间位于超买区附近示意图

知识精讲

KDJ 指标线长时间位于超买区附近很好理解，就是三条指标线在股价快速上涨的带动下来到了超买区附近。并且由于价格涨势明朗，短时间内未出现下跌迹象，市场中的买盘始终维持着追涨状态，这就会使得 KDJ 指标长时间保持在超买区以内，或是在 80 线附近的位置波动。

尽管这种形态是明显的看涨信号，指标线位于超买区以内的时间越长，信号越强烈，但投资者也不要一味追求完美，认为必须当所有指标线都位于超买区内，买入时机才会成熟。其实这样的想法很难实现，事实上要让三条指标线长时间都待在超买区内，基本是不可能发生的，不单单是 J 曲线太过敏感，就算是 K 曲线和 D 曲线，也会产生不断的波动，频繁脱离超买区更是常有的事，因此，投资者不必要求太苛刻。

同时还要注意，当某一时刻 KDJ 指标的三条指标线都有拐头向下，并跌破 80 线的迹象时，投资者就有必要保持高度警惕了，观察 K 线是否有见顶迹象，跌势是否凶猛，必要时最好及时出局，将前期收益落袋为安。

下面来看一个具体的案例。

应用实例

陕西金叶（000812）指标线长时间位于超买区附近分析

KDJ 指标线长时间位于超买区附近的状态，在上涨行情中是比较容易出现和辨别的，但有时候在下跌行情大幅反弹的过程中，这样的形态也可能出现，只是买入信号的强度和可靠度要弱不少。

因此，本案例就选取陕西金叶的一段股价上涨走势来向投资者展示遇到这种情况时，投资者应该怎样操作比较妥当。

图 4-10 为陕西金叶 2021 年 10 月至 2022 年 1 月的 K 线图。

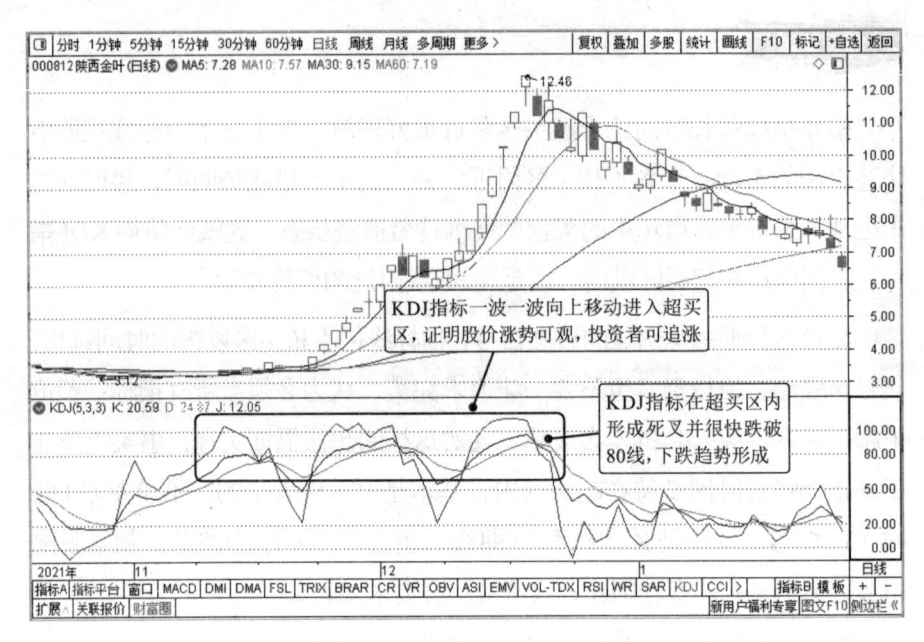

图 4-10　陕西金叶 2021 年 10 月至 2022 年 1 月的 K 线图

从陕西金叶的这段股价走势中可以看到，在 2021 年 10 月，该股还处于下跌状态，不管股价前期经历的是长期的下跌趋势还是短期的回调，都已经导致 KDJ 指标来到了超卖区附近，说明市场状态比较低迷。

到了 10 月底，下跌走势才得到缓解，K 线开始小幅收阳上涨。市场看到价格走强的希望，于是逐步建仓买进，导致 KDJ 指标很快在 20 线附近形成一个黄金交叉后向上运行，逐渐来到了 80 线附近。

11 月中旬，该股在 3.50 元价位线附近受阻后形成了小幅回调，KDJ 指标有所下滑，但 K 曲线和 D 曲线还是在 50 线以上，只有 J 曲线跌到了 20 线附近。很快，K 线以更强势的上涨带动 KDJ 指标再度上行，三条指标线都进入了超买区以内，并在较长一段时间内都维持在其上方。

再结合 K 线这段时间接连涨停的走势，投资者基本可以判断出主力的拉升意图，进而分析出合适的买进位置，跟随市场迅速建仓。

12 月初，该股已经上升到了 7.00 元价位线附近，并再次形成回调。不过，由于此次回调幅度非常小，KDJ 指标并未下跌太多，K 曲线和 D 曲线的低点相较于前期都有所上移,说明此次回调不会造成太大的影响,投资者依旧可以继续持有。

很快,该股开始了又一波拉升,这一波拉升刚开始的速度与前期相差无几,越到后期越快,甚至形成了连续的跳空涨停。与此同时,KDJ指标重新回到超买区内,并冲上了更高的位置,K曲线已经接近了向上取值的极限,说明市场中买盘力量强劲,但有超涨的危险,后期追涨的投资者要谨慎一些。

从后续的走势可以看到,该股在创出12.46元的新高后,次日就出现了下跌,并且后续向下跌的转变速度较快。再看KDJ指标,也可以发现三条指标线在超买区内形成死亡交叉后很快下行,一路下滑,接连跌破80线和50线,与前期回调过程中的状态大相径庭。

结合K线此时的走势来看,投资者可以看出下跌趋势的开启,那么及时卖出止损就成了优先选项。

拓展知识 *KDJ指标的黄金交叉和死亡交叉*

在以上案例的分析过程中,介绍到了KDJ指标的黄金交叉和死亡交叉,有些投资者知道是怎么回事儿,但对于一些没接触过KDJ指标的投资者来说,可能就有些陌生了,没关系,下面来详细介绍。

通过前面这么多案例的学习,投资者可能已经发现了KDJ指标的一个特性,那就是每当指标线出现交叉,三条指标线总是会汇合于同一个点,并且K曲线总是处于中间,产生位置变化的只有J曲线和D曲线,这一特点从图4-11中能够看得更清晰。

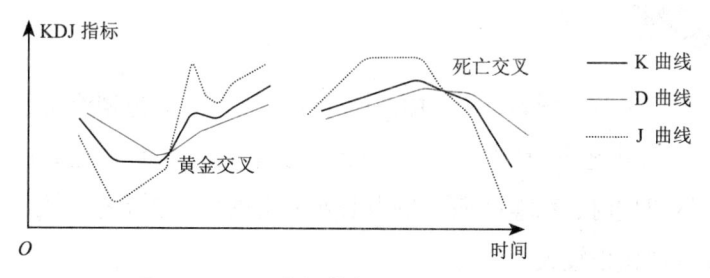

图4-11 KDJ指标黄金交叉与死亡交叉示意图

从图4-11中还可以看到,当KDJ指标下行,KDJ指标线的排列顺序为D曲线、

> K曲线、J曲线自上而下排列；当KDJ指标上行，D曲线和J曲线的位置就会调转。那么，在D曲线转移到下方，J曲线转移到上方的过程中，三线会形成一个方向向上的交叉，这个交叉就被称为黄金交叉，因为它是KDJ指标由下跌转为上涨的必经之路。
>
> 同理，当KDJ指标从上涨变为下跌，在D曲线转移到上方，J曲线转移到下方的过程中，三线会形成一个方向向下的交叉，这就是死亡交叉。
>
> 而黄金交叉和死亡交叉的预示意义从其名称中就可以窥见一二。其中，位于超卖区内的黄金交叉和位于超买区内的死亡交叉，信号强度最高。

No.05 指标线长时间位于超卖区附近

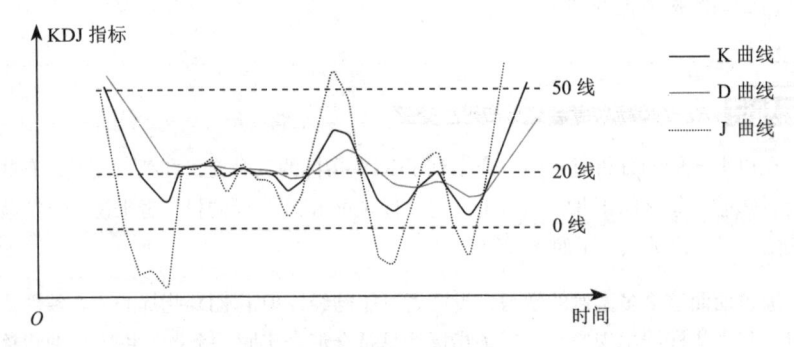

一图展示

图 4-12 指标线长时间位于超卖区附近示意图

知识精讲

经过上一小节的学习，对于KDJ指标线长时间位于超卖区附近的形态，理解起来应该就比较简单了。当三条指标线徘徊在20线附近，或者全部进入超卖区以内时，就意味着市场当前处于卖盘强盛的状态，股价短时间内继续下跌的概率较大。

但当KDJ指标线深入20线以下，甚至因为股价长期下跌而靠近取值极限时，就说明价格出现超跌现象，市场对其估值过低，后续有反弹的可能。此时场外投资者就可以对其多加关注，准备在反弹的位置建仓。

下面来看一个具体的案例。

应用实例

欧普康视（300595）指标线长时间位于超卖区附近分析

图 4-13 为欧普康视 2021 年 8 月至 2022 年 4 月的 K 线图。

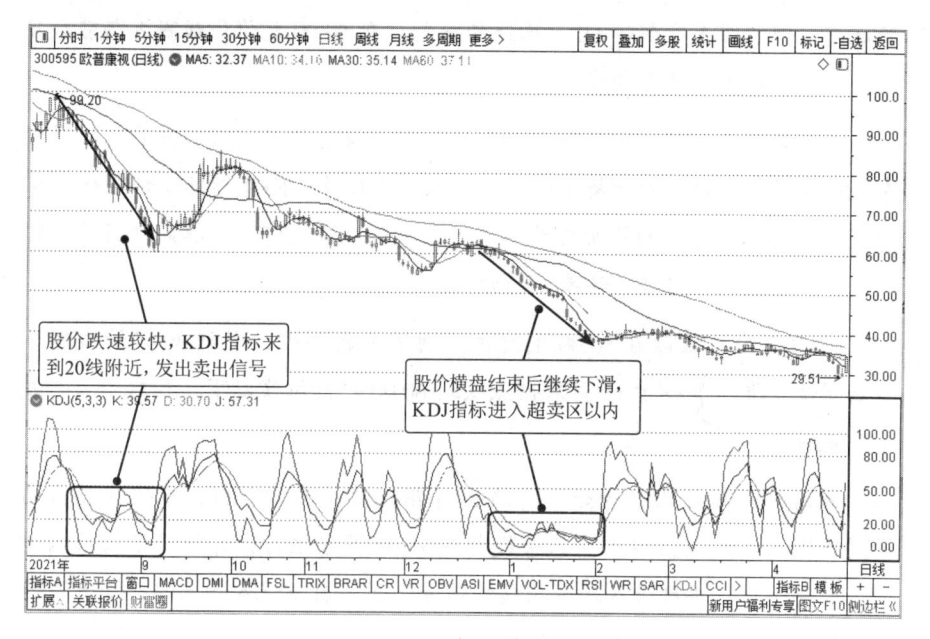

图 4-13　欧普康视 2021 年 8 月至 2022 年 4 月的 K 线图

在欧普康视的这段股价下跌走势中，KDJ 指标整体呈现出不断的震荡状态，但 K 曲线和 D 曲线几乎都没有进入过 80 线以上，只有 J 曲线偶尔上穿，证明行情处于弱势，这一点从均线组合的状态也可以看出。

那么，在此期间形成的 KDJ 指标线靠近超卖区的形态，发出的卖出信号就比较可靠和强烈了，下面就选择其中比较明显的两段进行解析。

首先来看 2021 年 8 月的走势，可以看到在 8 月初该股进行了一次幅度不大的反弹，价格上涨至 30 日均线附近就受阻下跌了。与此同时，跟随回升的 KDJ 指标也拐头向下，形成一个死亡交叉后持续下行，很快就来到了接近超卖区的位置，并在 20 线附近小幅波动。

再来回看 K 线，可以看到股价在转向后几乎一直保持着下跌状态，大部分时间都在收阴，5 日均线和 10 日均线对股价形成了强力的压制。由此可见，短时间内该股的跌势不减，KDJ 指标在 20 线附近的运行状态也能证实这一点，那么，投资者就要注意卖出止损了。

9 月初，该股跌至 60.00 元价位线附近后止跌，随后便形成了比较明显的反弹，但依旧未能超越 60 日均线的压制，在 80.00 元价位线附近滞涨数日后，再度回到下跌轨道之中。

在后续的走势中，该股跌势相较于 8 月来说有明显减缓，并且反弹的频率也提高了。这就导致市场中的多方多次试图反攻，KDJ 指标开始在 0 ~ 80 内震荡，其间传递出的买卖信号不太可靠，短线投资者可以据此进行波段操作，但中长线投资者还是不要轻易介入。

12 月下旬，该股在 60.00 元价位线附近横盘整理，受到 30 日均线的压制而缓慢下滑，最终于 12 月底彻底跌到 60.00 元价位线以下，开启了又一波下跌走势。

此时，原本就已经开始下滑的 KDJ 指标更是持续下行，很快在股价的带动下进入了超买区以内，三条线都在 20 线下方运行，并维持了较长的时间。此时，市场再度进入弱势状态的信号明显，前期误入场内的投资者及抢反弹的投资者要注意止损，场外投资者不可参与。

二、KDJ 指标的背离与钝化应用

KDJ 指标的背离与钝化属于指标的进阶应用，尤其是指标线的钝化，涉及的原理和形成方式十分复杂，如果投资者理解起来比较困难，就可以只专注于学习形态的应用方式，而不必深入研究其原理。下面就来对这两种形态的应用进行解析。

No.06　KDJ 指标与股价的背离

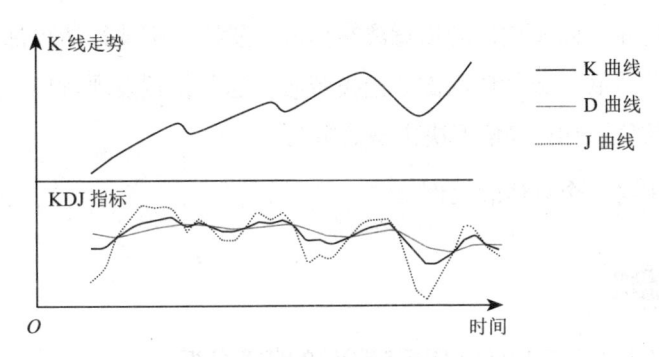

```
K 线走势
                                            ── K 曲线
                                            ── D 曲线
                                            ⋯⋯ J 曲线
KDJ 指标

O                                           时间
```

图 4-14　KDJ 指标与股价的顶背离示意图

KDJ 指标与股价的背离主要体现在 KDJ 指标线与 K 线之间运行方向的背离，主要分为顶背离和底背离。

图 4-14 为 KDJ 指标与股价的顶背离，从图 4-14 中可以看到，当股价处于上涨行情之中，高点不断上移的同时，KDJ 指标的高点却在一个接一个下降，二者运行方向相悖，产生的背离就被称为顶背离。

相反，当股价处于下跌行情中，低点持续下移的同时 KDJ 指标的低点却出现了向上的移动，那么二者产生的就是底背离。

与前面介绍的形态不同，顶背离和底背离并不是股价持续上涨或是下跌的中继形态，而是预示市场趋势即将发生转变的顶底形态。

其原理其实不难理解，以顶背离为例，当股价运行到较高的位置时，场外追涨的买盘会不断衡量自己的购买力和风险承受能力，当价格超过自己的承受范围时，自然会放弃买进。这就导致价格越涨，买盘越少，KDJ 指标高点越低。当某一时刻卖盘开始大批量出货，却发现买盘难以承接时，就会导致股价产生快速的下跌，甚至直接转到下跌行情之中。

底背离也是同样的道理，买盘提前入场，推动 KDJ 指标低点上移，达到某一临界点时多方开始上攻，就会带动股价进入上涨之中。

由此可见，KDJ 指标的顶背离常形成于阶段顶部或行情顶部，底背离则形成于阶段底部或行情底部。当投资者在这些位置发现背离形态时，就要结合当前位置和自身情况决定操盘策略。

下面来看一个具体的案例。

应用实例

建龙微纳（688357）KDJ 指标与股价的背离分析

KDJ 指标与股价的两种背离形态，其实在上涨行情中就能展示完全，并不一定要等到行情到达尽头，本案例就选取建龙微纳的一段上涨行情，让投资者同时学习到两种背离的操作策略。

图 4-15 为建龙微纳 2021 年 5 月至 10 月的 K 线图。

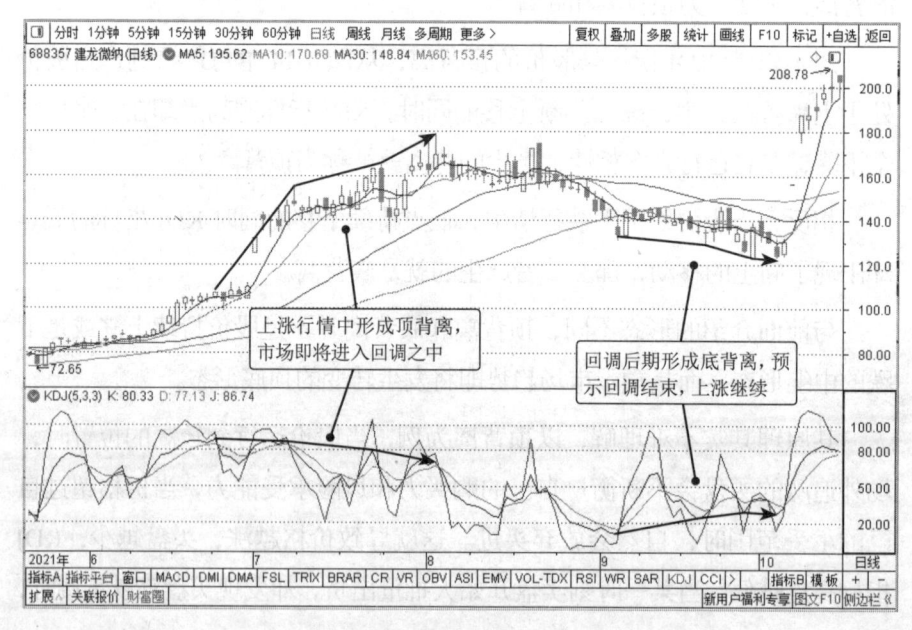

图 4-15　建龙微纳 2021 年 5 月至 10 月的 K 线图

先来看在上涨过程中，KDJ 指标与股价产生的顶背离。从 2021 年 5 月开始，该股就已经出现了上涨迹象，并且越到后期涨速越快，很快便带动 KDJ 指标来到了较高的位置。

6 月中旬，该股上涨至 110.00 元价位线附近后受阻横盘，但没有出现回调迹象。KDJ 指标此时已经运行到了超买区以内，伴随着股价横盘期间的缓慢上涨而逐步上行，直到 D 曲线也突破到了 80 线以上。

7 月初，该股横盘结束，以一根向上跳空的阳线开启了下一段上涨，股价迅速在数日内冲上了 140.00 元价位线。但观察 KDJ 指标可以发现，尽管指标线在股价再度上扬的过程中形成了转折向上，但 K 曲线和 D 曲线的高点相较于前期有所下滑，与高点上移的股价形成了初步的顶背离。

当前的背离形态还不明显，但依旧向投资者传递出了市场买盘可能后继无力的信号，短线投资者及部分谨慎的中长线投资者，可以先行卖出，保住前期收益。

在后续的走势中，该股持续上扬，涨势依旧比较积极稳定。但 KDJ 指标的高点却在一步一步向下移动，到了 7 月底，二者的顶背离已经非常明显了，再加上该股在接触到 180.00 元价位线后就受阻回落，形成横盘的状态，基本上可以确定短时间内该股很难再有更好的表现。因此，短线投资者和中长线投资者都可以抛售筹码，随后保持观望。

8 月下旬，该股彻底跌到了 160.00 元价位线下方，表现出了明显的回调迹象，并且还在 8 月底跌破了 60 日均线。尽管投资者此时还无法准确判断行情是否已经到达尽头，但在卖出信号明确的前提下，还是尽量离场。

9 月初，该股跌至 130.00 元价位线上方后止跌，小幅回升后继续下滑，但下跌速度明显减缓。与此同时，已经运行进入超卖区的 KDJ 指标却拐头向上，在形成一个低点后持续震荡上行，低点的上移走势与股价之间形成了底背离，传递出回调即将结束，买盘开始入场的信号。

此时，在场外观望的激进投资者就可以试探性地建仓，谨慎的投资者则可以再观望一段时间，下面继续来看后面的走势。

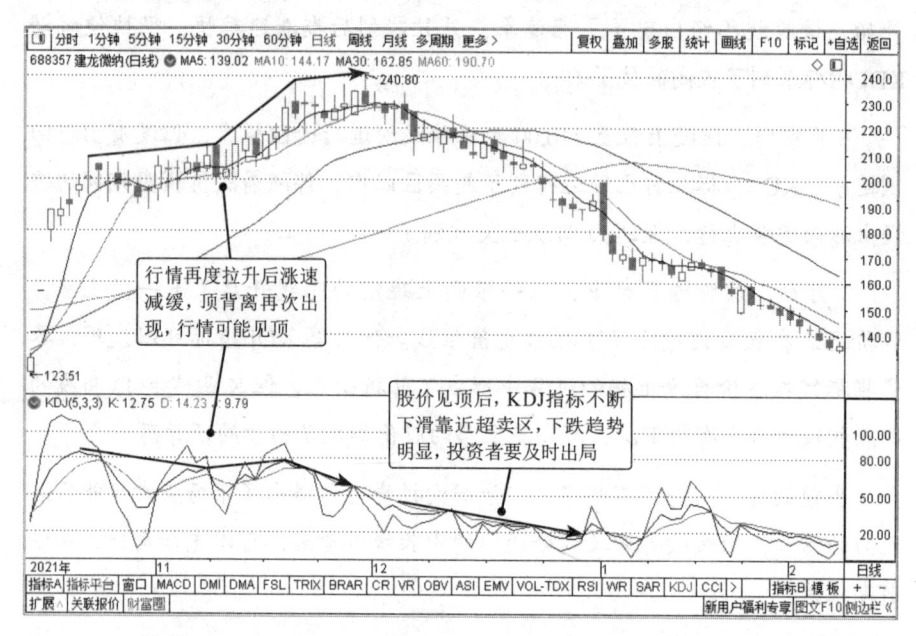

图 4-16 为建龙微纳 2021 年 10 月至 2022 年 2 月的 K 线图。

图 4-16　建龙微纳 2021 年 10 月至 2022 年 2 月的 K 线图

从图 4-16 中可以看到，股价在到达 120.00 元价位线附近后，就开始了收阳上涨，甚至在收阳的第二个交易日就拉出了一个大幅向上跳空的一字涨停，短短三个交易日后，就将价格带到了 180.00 元价位线上方，短期涨幅非常惊人。

此时再来观察 KDJ 指标，可以发现指标线上冲的角度非常陡峭，K 曲线很快冲到了超买区以内，但没有过多深入，J 曲线则已经跃到了 100 线之外，确定了该股的涨势。

但在这一波上涨过后，股价在 200.00 元价位线附近受阻，整理了一段时间后继续上涨，但涨速减缓不少，并且阴阳线交错，表现得似乎有些上涨乏力。再看 KDJ 指标就更清晰了，K 曲线的高点伴随着股价的上涨而不断下移，与股价之间呈现出了明显的顶背离。将其与股价的表现相结合，下跌即将到来的信号呼之欲出，投资者此时就要保持高度警惕了。

11 月底，该股在 240.00 元价位线上方见顶后很快下滑，并在后续产生了持续的下跌，导致 KDJ 指标直接从 80 线附近下滑，一路跌到了 50 线下方，并且还在朝着超卖区靠近。

这是市场趋势转入下跌的明显表现，股价即将进入的不是深度回调，就是下跌行情，那么，此时还留在场内的投资者就不能再惜售了，尽快找个较高的位置卖出才是好的选择。

No.07　指标线的钝化

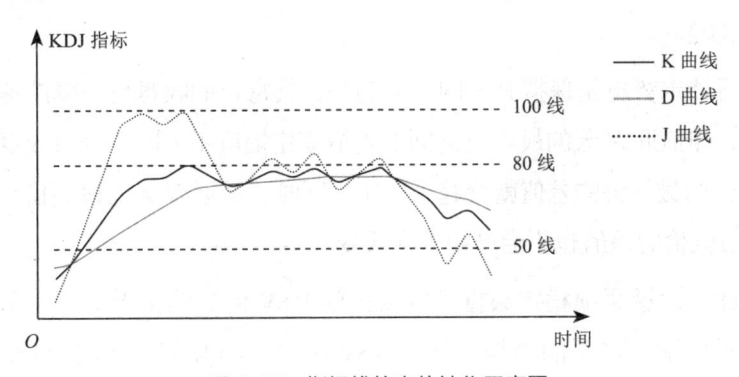

一图展示

图 4-17　指标线的高位钝化示意图

知识精讲

KDJ 指标线的钝化指的是股价在运行过程中形成了一些特殊走势，导致三条指标线几乎黏合在一起，聚集在某一位置不断震荡转折，频繁地发出买卖信号。由于这些信号形成得过于密集，对于投资者来说基本没有参考价值，这就是指标的钝化。

KDJ 指标钝化产生的原因深究其根本，在于指标的设计原理上。KDJ 指标是根据统计学原理，通过一个特定的周期（通常为 9 日、9 周等）内出现过的最高价、最低价及最后一个计算周期的收盘价及这三者之间的比例关系，来计算最后一个计算周期的未成熟随机值（RSV 值），然后根据平滑移动平均线的方法来计算K值、D值与J值，最后绘成曲线图来研判股票走势。

其中，导致KDJ指标产生钝化的根本原因在于RSV值的计算，RSV值的计算公式如下：

RSV值=（今日收盘价－最近N天的最低价）÷（最近N天的最高价－最近N天的最低价）×100

从其公式可以发现，在计算RSV值时，（今日收盘价－最近N天的最低价）和（最近N天的最高价－最近N天的最低价）两项计算数据是其中的关键。

当行情走势总是保持某一固定的趋势，其每日的收盘价下降的速度趋于稳定，与最近N天的最低价之间的差值变化幅度不大时，今日收盘价与最近N天的最低价的差值就会趋于稳定；同时，最近N天的最高价与最近N天的最低价的差值也不会产生太大改变。

因此，由这两项稳定数据计算得出的RSV值自然也无法产生更大的波动，进而形成走平的趋势。基于RSV值极端的K值、D值和J值，也会跟随产生密集、小幅的震荡，进而导致整个KDJ指标形成钝化，这一点从图4-17中可以看得很清晰。

这时有些投资者就会注意到了，图4-17展示的是KDJ指标的高位钝化，那除此之外，KDJ指标还有低位钝化吗？

当然有，KDJ指标的钝化主要分为高位钝化和低位钝化。高位钝化是在股价保持稳定的涨势时形成的，KDJ指标线主要集中在80线附近，位置较高，传递的是股价涨势延续的看涨信号；当KDJ指标形成低位钝化时，股价会产生持续的下跌，KDJ指标线集中在20线附近，发出后市看跌的卖出信号。

由此可见，两个方向不同的钝化，发出的买卖信号截然不同，投资者在实操时一定要注意指标钝化的位置，以及K线的走势变化，以做出适当的决策。

下面来看一个具体的案例。

应用实例

翠微股份（603123）指标线的钝化分析

图4-18为翠微股份2021年11月至2022年4月的K线图。

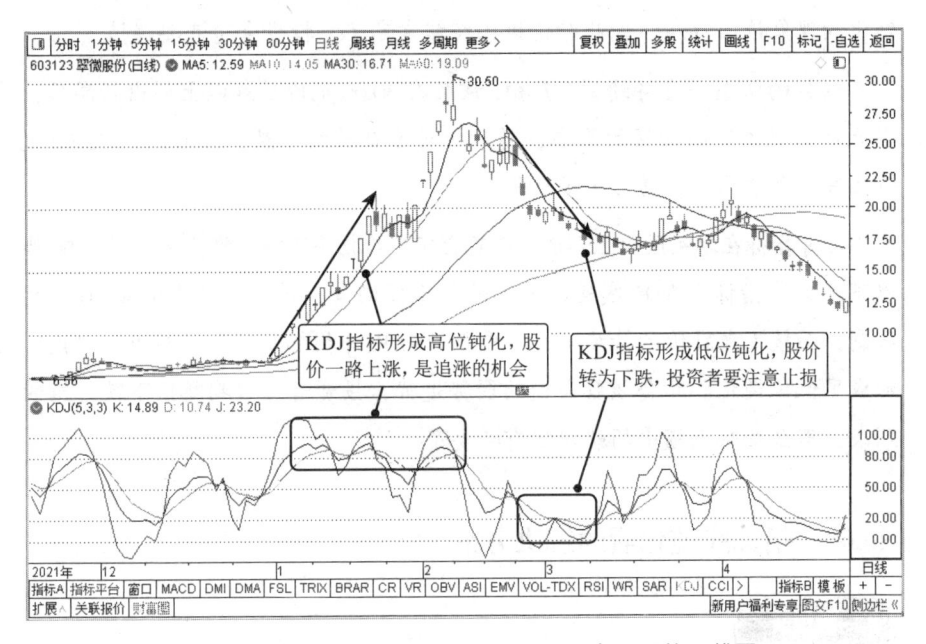

图4-18 翠微股份2021年11月至2022年4月的K线图

本案例选取的是翠微股份一段完整的股价涨跌周期，投资者能够同时从中观察到高位钝化和低位钝化现象。

2021年11月到12月，该股的涨势还比较缓和，整体更像是在横盘运行。在没有明显涨跌变化的情况下，KDJ指标长时间在中间区域上下震荡，指向性并不明确，投资者也可以不着急进行操作。

到12月底时，K线突然接连收出阳线，开始迅速拉升，短短数日内就冲到了15.00元价位线附近。在此期间，KDJ指标在50线附近形成一个黄金交叉后跟随上扬，不仅J曲线进入了超买区，就连K曲线和D曲线也来到了80线以上。

在后续的走势中，伴随着 K 线持续且连贯的上涨，KDJ 指标也长时间保持在 80 线以上，形成了横向运行的走势，高位钝化状态开始显现，证明该股短时间内将维持这种走势，投资者可择机追涨。

2022 年 1 月中旬，该股在 20.00 元价位线附近受阻滞涨了一段时间后再度上扬，开启了一波速度更快的拉升。与此同时，KDJ 指标在小幅下滑，落到 50 线附近后受到刺激拐头向上，又回到了超买区以内，整体来看，高位钝化的现象依旧存在。但此时价格已经非常高了，投资者追涨要谨慎。

这样的状态一直持续到 2 月初，该股在 30.00 元价位线以上创出新高后，当天就出现了冲高回落的形态，随后数日更是持续下跌，一直跌到 22.50 元价位线附近才止跌，随后小幅反弹。

KDJ 指标在超买区以上形成一个死亡交叉后拐头下跌，很快便跌到了 50 线以下。尽管指标线在 K 线反弹的影响下小幅回升，但依旧没有突破 50 线的压制，而接下来股价的持续下滑，更是带动 KDJ 指标跌落到了超卖区以内，形成了低位钝化。结合该股当前的弱势走势，投资者可以判断出下跌行情的到来，那么及时止损出局就非常有必要了。

No.08 指标线钝化后的解决方案

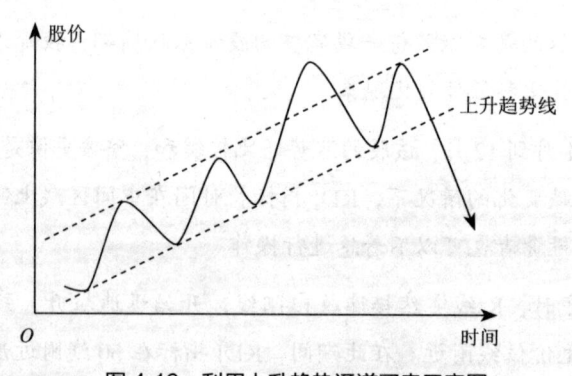

一图展示

图 4-19 利用上升趋势通道买卖示意图

知识精讲

当 KDJ 指标产生钝化时，投资者即便可以借助钝化的位置和股价的走势来判断当前行情，但毕竟对钝化结束的时间及股价发生方向转变的可能性没有把握，很容易产生被套风险。因此，投资者有必要另寻他法。

其实解决方案很简单，只需要借助其他指标或技术分析方法，就可以在 KDJ 指标产生钝化时，将研判的重点放到该指标或技术分析方法上，进而得出股价未来变动的可能走向。本节就以上升行情中的上升趋势通道线为例，与 KDJ 指标的钝化结合，为投资者讲解它的使用方法。

上升趋势通道是基于上升趋势线绘制的通道线。首先，投资者要绘制一条有效的上升趋势线，即将上升趋势中相邻的两个低点相连，当其经过第三个低点时，上升趋势线形成。同时，以最近的高点为基准作出一条平行线，与上升趋势线共同构成一条价格通道，这就是上升趋势通道。

在上升趋势通道的限制下，股价的运行在大部分时候都是比较规律的。那么，在股价上涨到上边线处受阻回落，或是小幅突破到上边线之上见顶下跌的位置，都可以视作兑利卖出的机会。相反，当股价在上升趋势线上得到支撑时，买点也就形成了。

当然，若股价彻底跌破上升趋势通道，投资者也要迅速卖出止损。如果股价有向上突破的趋势，那么投资者就可以根据实际情况，看是否可以将上升趋势线进行修正（当后续的低点没有踩在上升趋势线上时进行的修正，会在案例中进行详解）。若修正成功，上升趋势通道也会跟随改变，形成新的研判依据。

因此，当 KDJ 指标形成钝化时，投资者就可以用以上方法进行决策。

下面来看一个具体的案例。

应用实例

卫光生物（002880）KDJ 指标钝化后利用上升趋势通道买卖

通过前面几个针对 KDJ 指标用法的案例，投资者会发现，似乎在很多时候，KDJ 指标买卖信号的形成时间都比较短，并且变动速度也很快，似乎只适合短线投资者或部分中线投资者操作。但事实真就如此吗？

当然不是，尽管 KDJ 指标在正常使用时确实具有信号频繁的弊端，但如果是观察钝化现象，再加上趋势线的辅助，投资者完全可以将绘制周期拉得很长，使之适用于中长线投资者。为帮助投资者了解实际情况中的操作方式，本案例将选取卫光生物长达一年以上的走势来绘制上升趋势通道，同时观察 KDJ 指标的钝化现象，寻找适合中长线投资者的买卖点。

图 4-20 为卫光生物 2018 年 10 月至 2020 年 1 月的 K 线图。

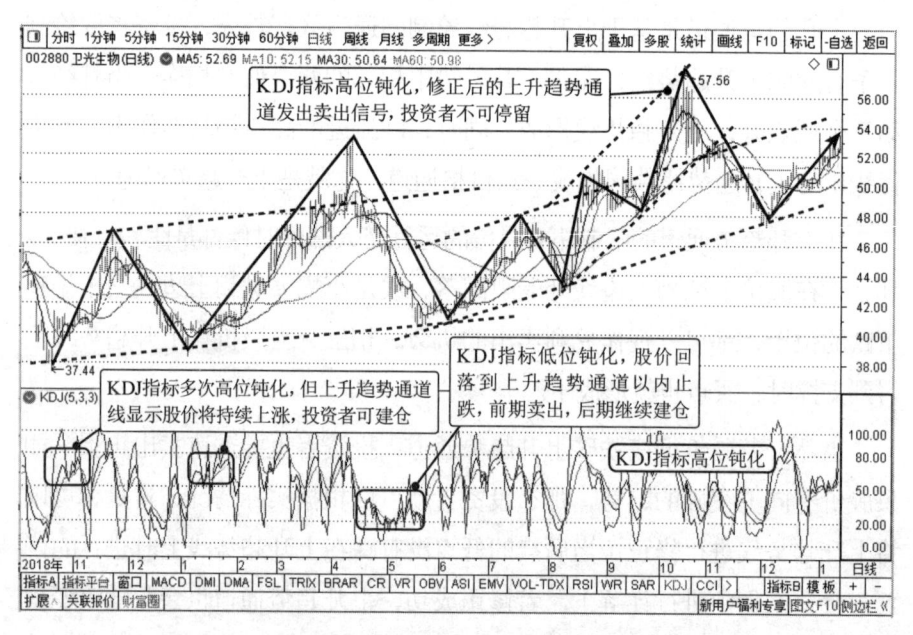

图 4-20　卫光生物 2018 年 10 月至 2020 年 1 月的 K 线图

从卫光生物 2018 年 10 月到 2020 年 1 月这段股价走势来看，可以发现，该股在较长一段时间内都处于上升过程中，并且运行比较规律，其间 KDJ 指标出现了多次钝化，发出的信号也比较繁杂，投资者可以试着绘制上升趋势线。

2018 年 10 月下旬，该股跌出 37.44 元的低价后止跌回升，形成了第一个低点，随后开始上行，KDJ指标产生了高位钝化。但由于此时上升趋势线还未开始绘制，投资者介入要谨慎。

一个多月后，股价上涨至46.00元价位线附近后阶段见顶回落，很快于2019年1月初形成了第二个低点。连接这两个低点绘制出一条斜线及一条平行线，平行线穿过11月形成的高点，就形成了一条待验证的上升趋势通道。

第二个低点出现后，该股进入了快速的拉升之中，涨势在短时间内非常强势。与此同时，KDJ指标再度形成高位钝化，但此次是踩在上升趋势线附近上涨的，就算趋势线还未得到验证，其上涨趋势还是比较稳定，中长线投资者可以在此期间试探性地建仓买进。

在经历了长达数月的上涨后，该股一举突破了上升趋势通道的上边线，一直运行到了52.00元价位线以上，随后拐头下跌。此时，虽然上升趋势通道还未得到验证，但该股短时间内的巨大涨幅是确定的，再加上KDJ指标从80线附近开始滑落，投资者可以酌情卖出。

伴随着价格的持续下滑，KDJ指标不断下跌，最终形成了低位钝化现象。观察此时的上升趋势通道，可以发现，价格正在不断向下靠近上升趋势线，短时间内跌势确定，惜售的投资者要尽快出局。

5月中旬，该股跌至40.00元价位线上方，止跌后横盘了一段时间，形成了第三个低点，并且这个低点刚好踩在上升趋势线上，确认了上升趋势线和上升趋势通道的有效性。

那么，投资者就可以利用这条上升趋势通道对买点进行判断。当股价在上升趋势线上得到支撑后，后市大概率会进入上涨，此时KDJ指标还未转向，但借助上升趋势线，投资者可以提前入场。

6月之后，该股彻底进入上涨，但在7月中旬到达48.00元价位线下方时受阻滞涨，并出现了回落的趋势。尽管此时价格没有向上靠近上升趋势通道上边线，但价格形成了回落，KDJ指标也有下滑的迹象，投资者还是应该谨慎减仓。

8月上旬，该股跌至42.00元价位线上方止跌企稳，形成了又一个低点，很明显，这个低点没有落在上升趋势线上。因此，投资者就可以试着对其进行修正，将上升趋势线向上倾斜，使其经过这个低点，同时也要改变上边线的位置，绘制出一条新的上升趋势通道。

继续来看后面的走势，8月，该股上涨至50.00元价位线附近后滞涨震荡，在此期间形成了相应的高点和低点，但这些高点和低点都没有落在新绘制的上升趋势线上。在新的上升趋势通道还未验证成功的情况下，投资者可以再次进行修正，也可以继续等待。

很快，股价继续上涨，短时间内涨势稳定，KDJ指标形成了高位钝化，似乎发出的是买入信号。但观察修正后的上升趋势通道可以发现，在KDJ指标高位钝化的同时，该股已经远远超过了前一个上升趋势通道的范围，并接近了最后修正的上升趋势通道上边线，这是一个非常危险的见顶信号。场外投资者此时不宜追涨，场内投资者最好提前出局。

在后续的运行中，该股在57.00元价位线以上见顶后拐头下跌，一路跌破了最后修正的上升趋势线，以及前一个上升趋势通道的上边线，最终落在了该上升趋势线上，成功确认了其有效性。那么，最后修正的上升趋势通道就可以作废，投资者以后可以继续使用验证成功的上升趋势通道，在KDJ指标产生钝化时寻找买卖点。

第五章

跟随股价形成通道：BOLL

　　BOLL指标是一种趋势性指标，需要叠加在K线上才能发挥出最大的效用。也就是说，BOLL指标对K线的运行有一定的预示及限制作用，这一点与均线比较类似，但BOLL指标的特点在于其中两条指标线构成的价格通道，投资者如果使用得当，将会产生非常好的研判效果。

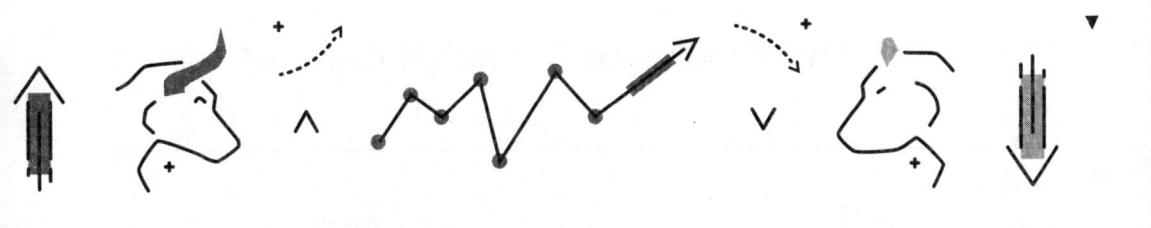

一、布林指标的基础使用方法

BOLL 指标的中文名称为布林指标，也常被称为布林线、布林通道。布林指标由三条指标线构成，分别是上轨线、中轨线和下轨线，图 5-1 为 K 线图中的布林指标。

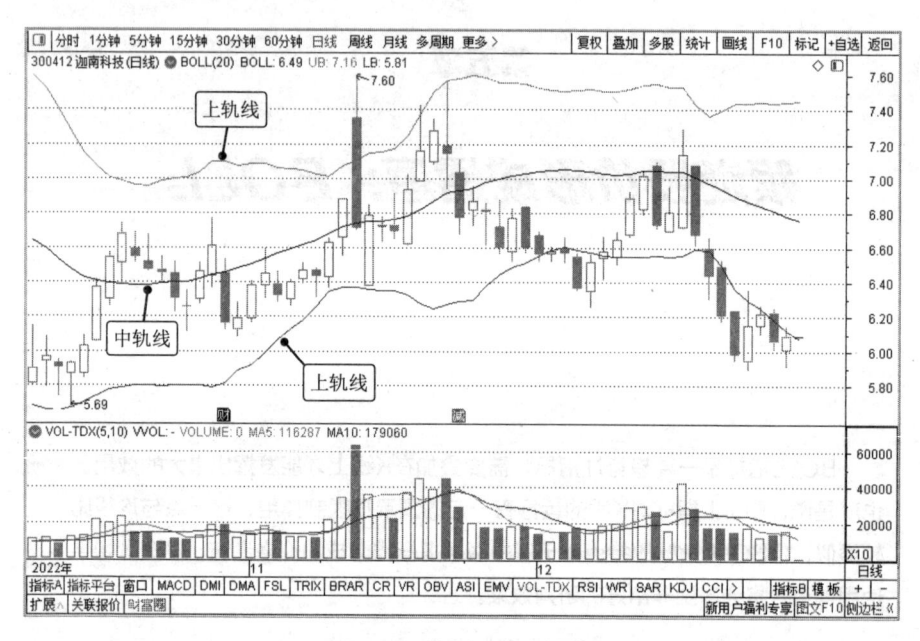

图 5-1　K 线图中的布林指标

从图 5-1 中可以看到，布林指标与 K 线之间的联系十分紧密，上轨线和下轨线更是对股价的波动产生了限制作用。每当价格在短时间内产生大幅度的变动，布林指标的上下轨线都会向上下两边扩张，以容纳即将超越出去的 K 线。相反，当股价趋于平稳，布林上下轨线自然也会缩紧。

除此之外，布林指标的中轨线也具有非常高的研究价值，仔细观察可以注意到，中轨线长期运行于 K 线之间，并且频繁与其产生交叉，形成了一定的支撑和压制作用，是投资者用于判断市场短期内涨跌变化的重要工具。

其实很多投资者可能也注意到了，单独观察中轨线时，它好像与均线的特性十分类似。事实上，布林中轨线就是 20 日均线，并且其周期可以任意改变，但实战中很少修改这一参数，为的是保证布林指标兼具灵敏性和研判准确性。

需要注意的是，大部分炒股软件都会默认将布林指标作为副图指标使用，也就是让其显示在指标窗口当中。但这种方式无法将指标线与 K 线更直观地结合起来分析，甚至还会影响投资者的判断。

那么，如何将布林指标叠加到 K 线图上呢？下面就以通达信炒股软件为例，向投资者展示修改方式。

①打开炒股软件，单击软件上方的"公式"菜单项，在弹出的下拉菜单中选择"公式管理器"命令，如图 5-2 所示。或者直接按【Ctrl+F】组合键也能打开公式管理器。

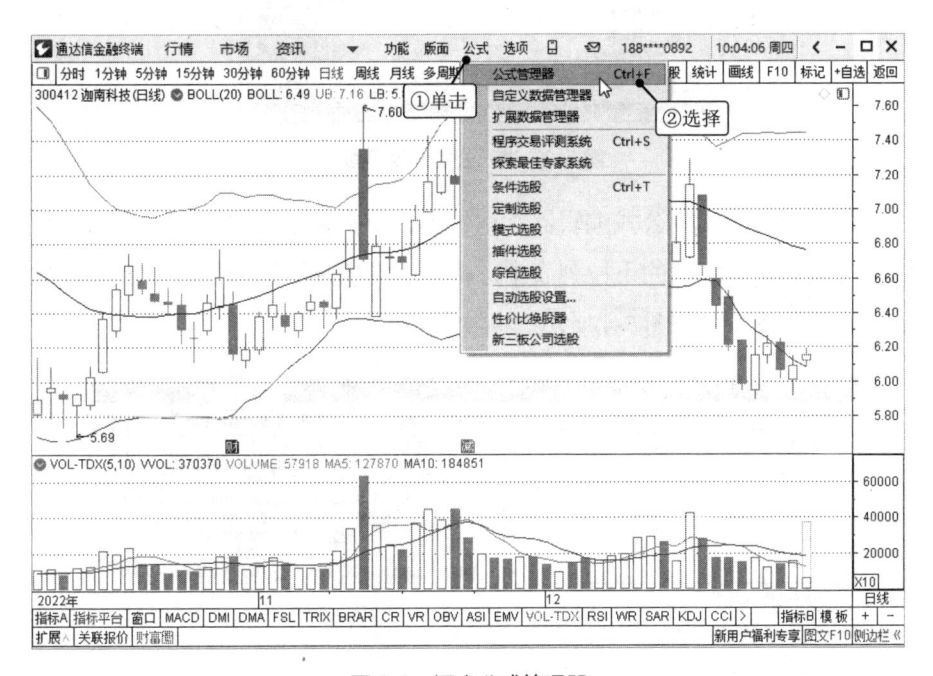

图 5-2 调出公式管理器

②在弹出的对话框中双击"路径型"选项，在弹出的下拉列表中选择"BOLL 布林线（系统）"命令，单击右侧的"修改"按钮，如图 5-3 所示。

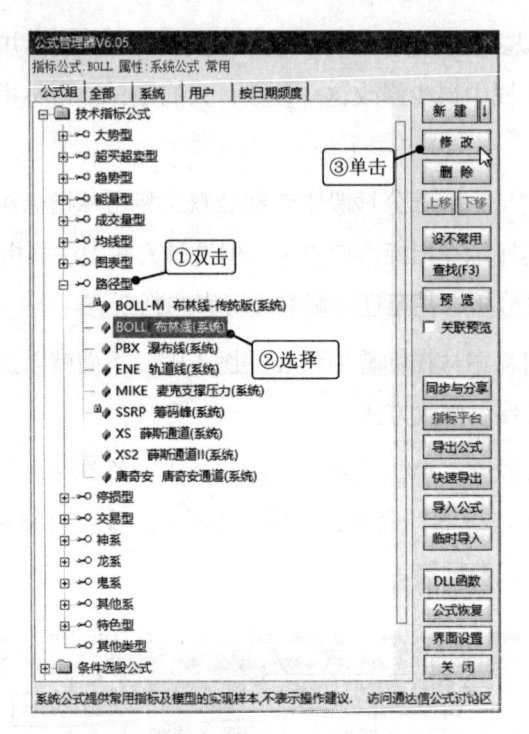

图 5-3 进入公式修改界面

③在弹出的指标公式编辑器对话框中，单击右上方"画线方法"右侧的下拉按钮，在弹出的下拉列表中选择"主图叠加"选项，最后单击右侧的"确定"按钮，如图 5-4 所示。

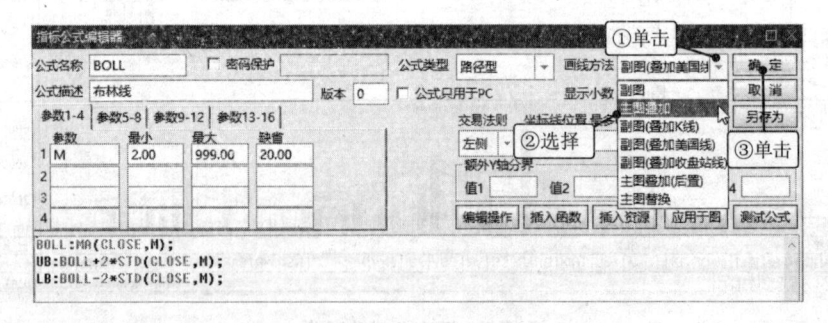

图 5-4 修改布林指标叠加方式

这样就成功将布林指标的叠加方式修改了，回到 K 线图界面中，投资者再调出布林指标就能直接将其叠加在 K 线上。如果投资者想将其修改回原本的副图叠加方式，只需按照同样的方式操作即可。下面就针对布林指标的常见用法进行详细解析。

No.01 布林指标发出的超卖信号

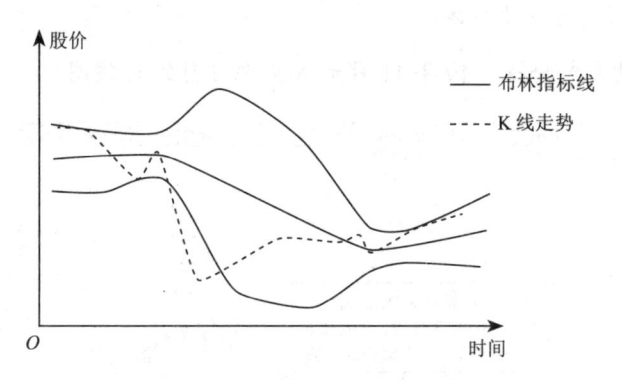

一图展示

图 5-5　布林指标发出的超卖信号示意图

知识精讲

尽管布林上下轨线对 K 线的运行有一定的限制作用，但这种限制并不是绝对的，只要股价在短时间内的涨跌速度够快，完全有可能突破到布林通道以外，同时也证明股价短时间内变动速度过快，市场有产生超买超卖的可能性。

由此可以判断出，当股价骤然下跌并跌破布林下轨线时，市场就有超卖的嫌疑。尽管股价短时间内跌势不减，但这种状态不会一直持续，待到股价止跌回升之时，K 线的反弹也会接踵而至。

因此，投资者可以在超卖信号出现之时就迅速卖出，随后持币观望。待到股价后续形成了反弹或是继续上涨的迹象时，再择机买进，同时需要注意分辨欺骗信号，避免贸然入场被套。

下面来看一个具体的案例。

应用实例

光智科技（300489）布林指标发出的超卖信号

股价跌破布林下轨线的形态，在上涨行情和下跌行情中都可能出现，发出的都是超卖信号，但投资者在后续再次建仓入场后，所面临的风险大不相同。因此，本案例就选择同一只股价的不同行情走势，看看在不同的趋势中，投资者应如何应对这种形态。

图5-6为光智科技2019年11月至2020年4月的K线图。

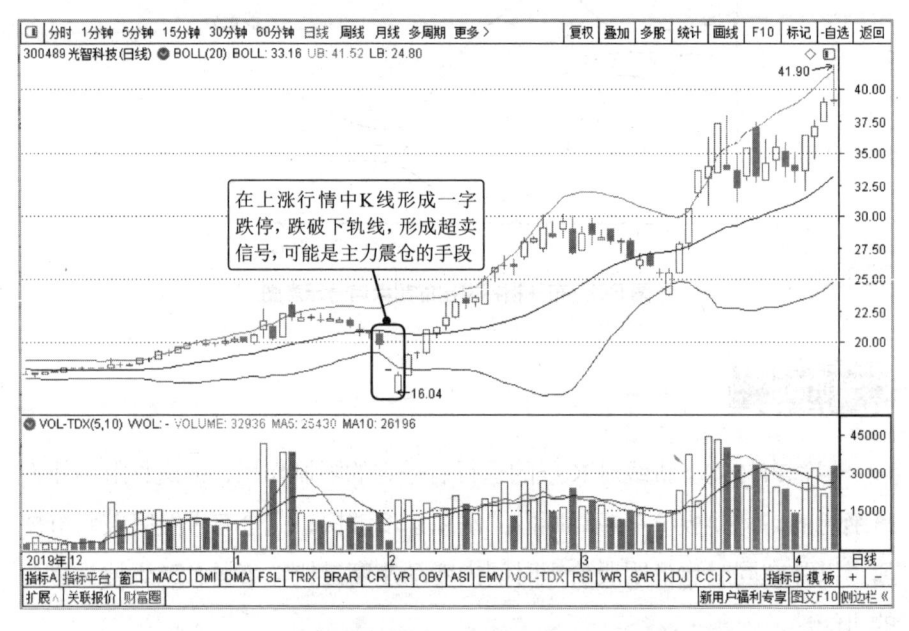

在上涨行情中K线形成一字跌停，跌破下轨线，形成超卖信号，可能是主力震仓的手段

图5-6 光智科技2019年11月至2020年4月的K线图

首先来看光智科技股价的上涨行情，从图5-6中可以很明显地看出，在2019年12月，该股长时间运行在布林中轨线以上，呈现出相对稳定的上扬走势，布林通道为容纳K线，正逐步向两边扩张开来。

进入2020年1月后，该股在22.50元价位线附近受到阻碍，在该价位线附近横盘一段时间后下跌。很快布林中轨线在1月下旬被该股彻底跌破，K线很快运行到靠近布林下轨线的位置。

2月初，该股突然收出了一根一字跌停，直接跌到了布林通道以外，形成了超卖信号。此时可能有很多投资者会感到疑惑甚至恐慌，不明白为什么会突然出现一字跌停，其实仔细观察成交量的变动就能看出一些端倪。

在1月下旬股价横盘的过程中，成交量是在缩减的，但当价格接连收阴下跌时，量能却开始逐步放大。这就说明场内有一股力量正在促进价格的下滑，再加上这突兀的一字跌停，基本上就可以确定这次下跌是主力介入造成的。

而根据当前行情所处的位置来看，不像是见顶，更像是震仓，目的是催促不坚定的散户出局，降低后市拉升的压力。也就是说，当此次下跌结束，该股还有上涨空间，投资者完全可以先行出局，待到股价回升后再次建仓。

从后续的走势也可以看到，就在K线收出一字跌停的次日，该股就形成了触底回升走势，并在后面数个交易日连续收阳，短时间内涨速较快。这就说明新一轮拉升开始了，投资者可买进或加仓。继续来看光智科技股价在下跌行情中的表现。

图5-7为光智科技2020年11月至2021年4月的K线图。

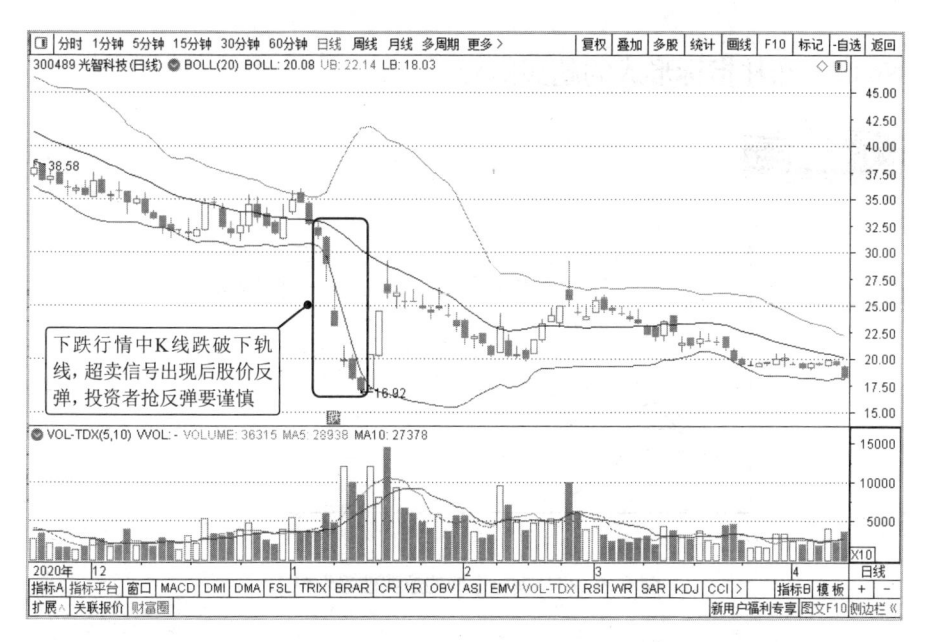

图5-7 光智科技2020年11月至2021年4月的K线图

2020年11月，该股正在接连下滑，直到跌至布林下轨线附近才止跌，随后形成了横盘震荡的走势。此时布林中轨线还在向下运行，对该股产生了一定的压制作用，导致股价难以真正向上突破，只能形成小幅度的震荡。

2021年1月初，该股小幅突破到了布林上轨线附近，但随后便在其压制下快速收阴下跌，一路向下跌破了布林中轨线及下轨线，表现出了明显的超卖信号。

在下跌行情中出现这样的状况，显然是场内卖盘大量增加的缘故，在强大抛压的压制下，短时间内该股跌势确定。那么，前期入场的短线投资者及被套投资者，此时就要抓紧时间止损卖出了。

从后续的走势可以看到，该股在跌到17.00元价位线附近后终于止跌，并在止跌的次日就出现了大幅的收阳，意味着超跌后的反弹到来了。但在经历如此剧烈的下跌后产生的反弹，上涨幅度不一定有多大，利润有限的情况下，抢反弹的风险性还是比较高的，若投资者有意建仓，一定要保持谨慎，谨记止盈止损原则。

No.02　布林指标形成的超买信号

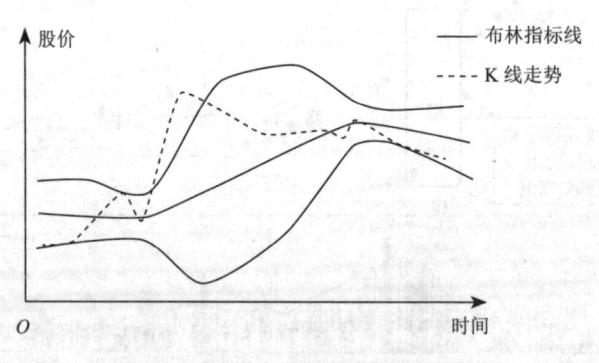

一图展示

图5-8　布林指标形成的超买信号示意图

知识精讲

在分析了布林指标的超卖信号后,理解超买信号就比较容易了。当股价在短时间内产生急剧上涨,就有可能导致 K 线突破到布林上轨线以上,脱离布林通道的范围,代表市场的超涨现象。

这种形态出现的位置也不受限制,上涨行情、下跌行情乃至震荡行情中都存在它的身影。既然形成位置不同,那么,这些形态发出的超买信号强度也有所变化,投资者在操盘时要灵活变通,及时做出买卖决策。

下面来看一个具体的案例。

应用实例

博晖创新(300318)布林指标形成的超买信号

图 5-9 为博晖创新 2020 年 6 月至 11 月的 K 线图。

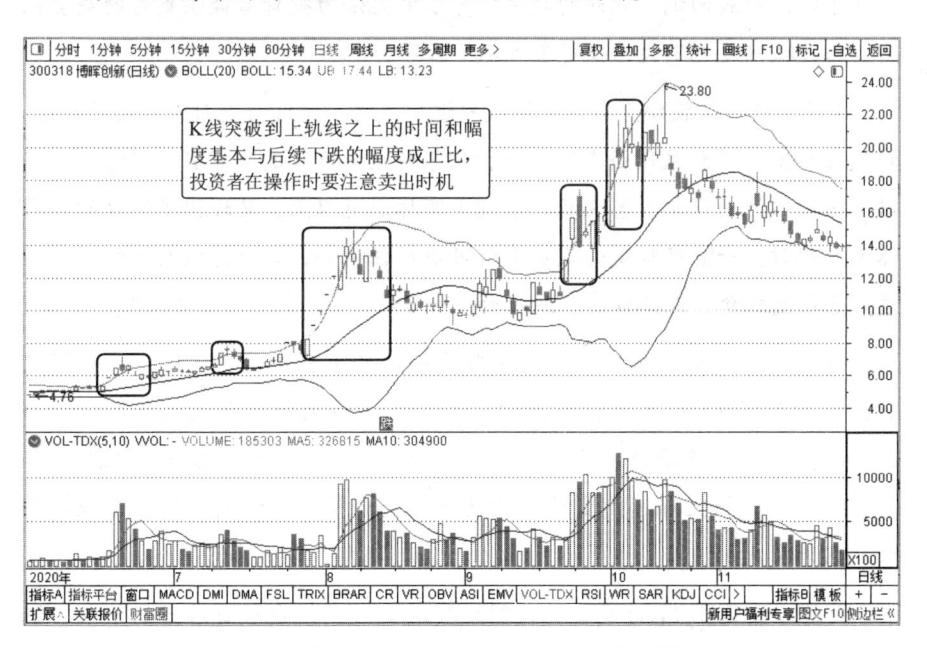

图 5-9　博晖创新 2020 年 6 月至 11 月的 K 线图

一般来说，布林指标发出超买信号的形态在上涨行情中是最常见的，但K线突破到布林通道以外的幅度越大，持续时间越长，市场超买的现象越严重，那么当价格止涨回落时面临的下跌幅度也可能越大。

这就导致了在上涨行情中形成的布林指标超买信号，强度也可能存在差异，本案例就是向投资者展示这种差异。

从图5-9中可以看到，在2020年6月中旬之前，该股还在6.00元价位线以下缓慢上涨。6月下旬时，该股突然加快涨速，并凭借一根一字涨停突破到了布林上轨线以上，并在上方维持了一段时间才受阻下跌，回到布林通道内。

尽管此次该股的上涨幅度较大，但毕竟持续时间较短，很多投资者都来不及建仓，价格就已经冲高了。不过从该股后续的表现来看，上涨趋势还在继续，投资者可以继续保持关注，或是在股价止跌回升的位置建仓。

7月中上旬，该股回升至8.00元价位线附近，在小幅突破上轨线后很快受压下跌，形成回调。此处的超买信号依旧无法为投资者提供更好的买卖机会，但涨跌幅度也不大，投资者可以不必理会。

7月下旬，该股跌至布林中轨线附近后止跌，随后形成回升。数日之后，该股在8.00元价位线附近滞涨横盘，但很快便以连续的一字涨停强势向上突破了该价位线的压制，甚至直接来到了布林通道以上，呈现出明显的超买信号。此时，一直在观望的投资者就可以抓住机会，在涨停板打开的间隙迅速建仓或是加仓，以抓住这一波拉升。

从后续的走势也可以看到，该股这一次的上涨走势非常迅猛，短短数日后就冲到了14.00元价位线附近，并且在布林上轨线之上运行了较长一段时间，超买信号源源不绝。那么，已经获取可观收益的投资者在发现涨停板打开，价格上涨速度变缓的情况下，就要警惕即将到来的强大抛压导致的回调了。

8月，该股在14.00元价位线附近突破失败，横盘数日后开始下跌，证明回调已经到来。此时，场内投资者就要在股价跌幅尚浅之时卖出止盈，避开后市的回调。

在这一轮下跌中，该股来到了 10.00 元价位线附近，在此震荡较长一段时间后再度形成上涨。在后面这一波拉升过程中，该股数次突破到了布林上轨线以上，但无论是突破幅度还是持续时间都远不及前期，因此，回调的幅度也不深，投资者可以一直持有到该股彻底转为下跌趋势之时。

二、布林中轨线与股价的关系

布林中轨线与股价的关系主要体现在二者之间的位置关系及交叉形态上。投资者已经知道了布林中轨线实际上就是 20 日均线，单独将其与 K 线结合来分析，得出的买卖信号可能还比较单薄，但如果将其与布林通道一同结合起来，就能起到更为有效的研判作用。下面就针对布林中轨线与 K 线之间的变化形态来分析其中蕴含的买卖信号。

No.03 布林中轨线的支撑与压制作用

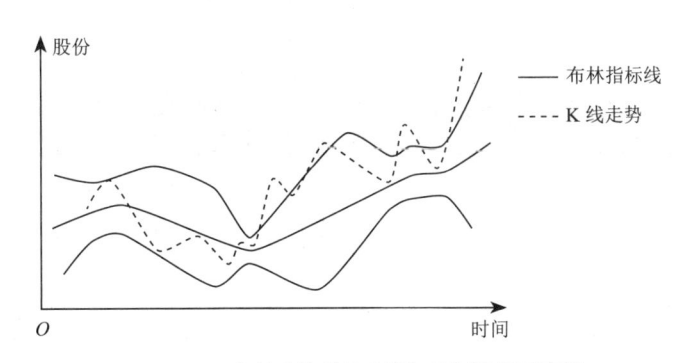

一图展示

图 5-10 布林中轨线的支撑与压制作用示意图

知识精讲

布林中轨线对股价的支撑与压制作用在图 5-10 中展现得很明确。当股价长时间处于中轨线以下，并多次反弹受阻时，布林中轨线就对其形成了一定的压制作用，那么股价只要没有彻底突破这条压制线，下跌走势就会延续下去。

相反，当股价来到布林中轨线上方，并多次回踩不破，或是小幅跌破后迅速回升，布林中轨线的支撑作用就会显现。只要股价没有跌破中轨线的迹象，上涨走势就会保持。

由此可见，投资者可以借助布林中轨线与股价之间的位置关系来寻找合适的买卖点。同时，布林通道对股价的限制作用也能够帮助投资者及时止盈或止损。

下面来看一个具体的案例。

应用实例

嘉应制药（002198）布林中轨线的支撑与压制作用

图 5-11 为嘉应制药 2020 年 10 月至 2021 年 6 月的 K 线图。

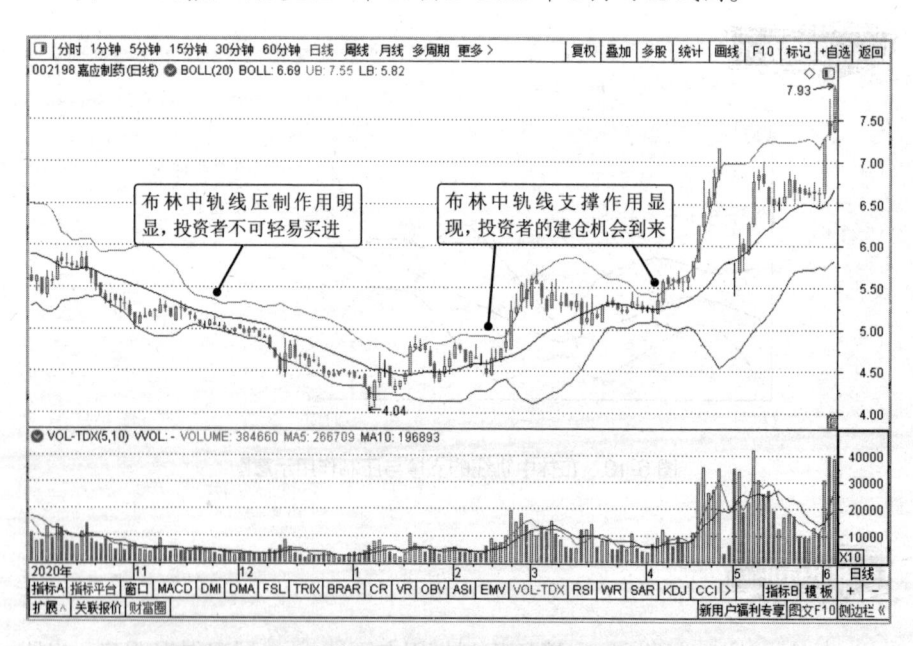

图 5-11　嘉应制药 2020 年 10 月至 2021 年 6 月的 K 线图

在嘉应制药 2020 年 10 月到 2021 年 6 月的走势中，行情经历了一次涨跌趋势的变化，布林中轨线与股价之间的位置关系在其间得到了充分体现。

2020 年 10 月到 12 月，该股始终维持着下跌趋势，并且从中轨线的下跌角度来看，这一波下跌的速度均衡，跌势十分稳定。在此期间，K 线几乎一直被限制在布林下轨线与中轨线之间，突破到这两条线之外的次数寥寥无几，体现出了布林中轨线强大的压制力。

由此可见，市场中的投资者大多对该股后市的表现不抱希望，交易量大幅下滑，看跌情绪占据上风。因此，这段时间是不适合买进建仓的，投资者最好持币留在场外。

进入 2021 年 1 月后，该股在 4.00 元价位线上方止跌后开始回升，第一波收阳依旧未能突破布林中轨线，但市场中暴涨的推动力显然非常强劲，股价很快在后续成功跃到了布林中轨线以上。随后，股价多次回踩在布林中轨线上都没有彻底跌破，布林中轨线的压制作用已经转变成了支撑作用。

在后续的走势中，股价开始在布林中轨线的支撑下震荡上涨，其间多次产生了回调，但都在布林中轨线附近得到了支撑，随后的回升都更加迅猛。由此可见，上涨行情已经到来，投资者可以在股价回踩的位置买进了。

No.04 股价对布林中轨线的穿越

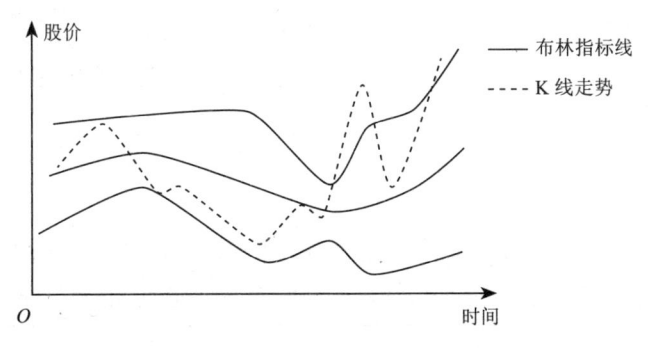

一图展示

图 5-12 股价对布林中轨线的穿越示意图

知识精讲

股价对布林中轨线的穿越，也是布林中轨线的支撑作用与压制作用互相转换的时刻。根据穿越方向的不同，这种形态发出的买卖信号自然也不尽相同，并且在行情的不同位置出现，信号强度也有所变化。

一般来说，无论是在上涨行情还是在下跌行情中，K线对布林中轨线的穿越都是很频繁的，一次幅度不大的回调或是反弹，都有可能导致二者形成交叉，进而产生大量的买卖信号。对于短线投资者来说，这些信号还是很有参考价值的，但中长线投资者不必每次都跟随操作。

下面来看一个具体的案例。

应用实例

大参林（603233）股价对布林中轨线的穿越

图 5-13 为大参林 2021 年 12 月至 2022 年 8 月的 K 线图。

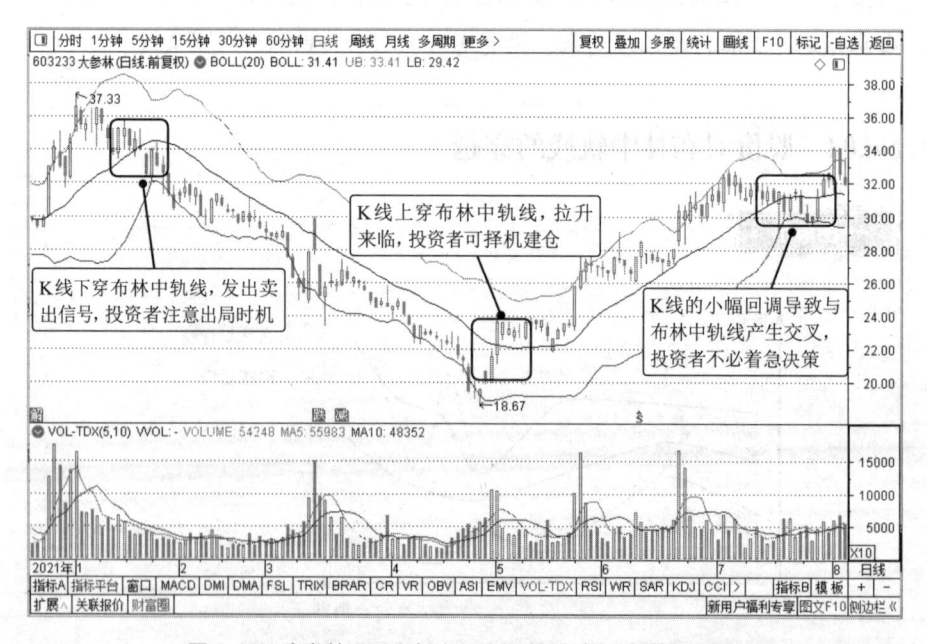

图 5-13　大参林 2021 年 12 月至 2022 年 8 月的 K 线图

为了更清晰地向投资者展示K线对布林中轨线的穿越形态，本案例选取的是大参林中比较稳定的一段股价涨跌变化走势，实际情况可能比这种走势要复杂得多，投资者要注意灵活变通。

先来看前期走势，2021年12月，该股还处在上涨过程中，一路从30.00元价位线附近向上移动，很快于2022年1月初创出37.33元的阶段新高后形成横盘滞涨。从成交量的变化可以看出，在量能明显缩减的情况下，股价继续上涨的概率远远小于直接下跌，因此，投资者要开始谨慎了。

1月上旬，该股先是小幅下滑到了34.00元价位线附近，在此位置横盘一段时间后再次下行，直接跌破了布林中轨线，并在运行到其下方后形成小幅回抽不过，接连下滑到了布林下轨线附近才减缓了下跌速度。由此可见，下跌趋势已经开启，再加上布林中轨线的转向，更加确定了这一信号，投资者此时就应卖出止盈或止损了。

在接下来3个多月的时间内，该股长时间维持在布林中轨线以下运行，形成的反弹次数很多，但真正突破到中轨线以上的仅有一次，还只是突破了一根K线的一半实体，可见布林中轨线的压制力强劲。那么，在此阶段内，场外投资者最好不要介入，场内投资者则要尽快止损。

这样的状态一直持续到了4月底，该股在18.00元价位线附近见底后，终于开始了一波比较强势的回升。K线在连续收阳的推动下成功向上突破了布林中轨线，并且在后续的回踩测试中也没有再次跌破，布林中轨线的支撑作用转换成功，此时，投资者的介入时机来临。

伴随着布林中轨线拐头向上，K线也在继续上扬，随后的一个多月时间内，该股都没有有效跌破过这条支撑线。但在6月下旬，该股在32.00元价位线附近受到一定压制，产生了回调迹象，在布林中轨线上方挣扎一段时间后，终究还是在7月上旬将其跌破，发出了卖出信号。

但投资者只要多等待几个交易日就可以发现，尽管布林中轨线未能撑住下跌的股价，但布林下轨线成功支撑住了，K线在下轨线附近横盘一段时间后再度上扬，回到了上轨线以上。这就说明该股还没有产生下跌趋势，投资者就可以不着急卖出。

三、布林通道缩放与 KDJ 指标结合

在前面的内容中已经多次提到过布林通道与股价之间的缩放配合，投资者也应该明白布林通道为什么会产生这种形态。但深究其内涵和信号，投资者可能就比较迷茫了，当布林通道开口或收口时，如何确定买卖位置，何时决策成功率更高，这都是投资者需要深入学习的。

对于股价的变动方向，除了借助布林中轨线来判断以外，投资者还可以添加更加灵敏的技术指标来辅助，这样就能在寻找买卖位置时做到高效和快速。很显然，KDJ 指标就是一个不错的选择，再加上前面已经详细解析过 KDJ 指标了，投资者应用起来也会更加得心应手。

No.05　布林通道开口与 KDJ 死叉

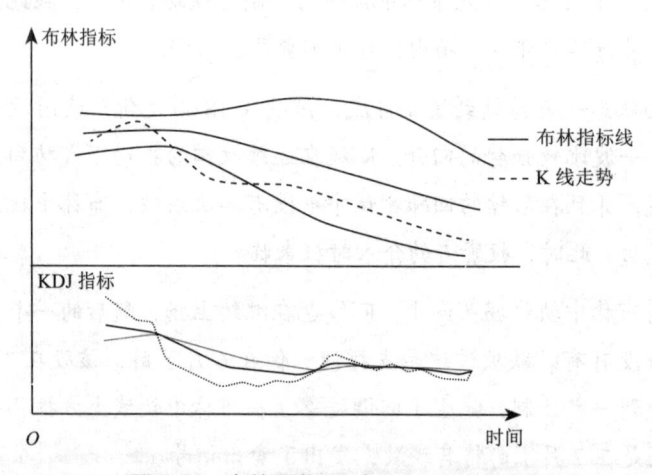

一图展示

图 5-14　布林通道开口与 KDJ 死叉示意图

知识精讲

布林通道的开口指的是当股价在短时间内产生剧烈涨跌变化时，布林

通道为了适应和容纳 K 线而形成的一种扩张形态。形态构筑过程中，无论 K 线朝哪一方向运行，布林指标的上下轨线都会向上下两边发散，而不是仅仅向着股价运行方向张口。

如果要借助 KDJ 指标来判断股价的涨跌方向，投资者就要密切关注 KDJ 指标的交叉形态，尤其是当价格处于较高或较低位置时，KDJ 指标很可能会在超买区或超卖区内形成交叉。

若布林通道开口的同时或是开口前不久，KDJ 指标能够在较高的位置形成一个向下的死亡交叉，那么基本就可以确定 K 线会向下移动，一些经验丰富的投资者甚至可以提前做出决策，逃离后市的下跌。

下面来看一个具体的案例。

应用实例

诺邦股份（603238）布林通道开口与 KDJ 死叉分析

图 5-15 为诺邦股份 2020 年 12 月至 2021 年 5 月的 K 线图。

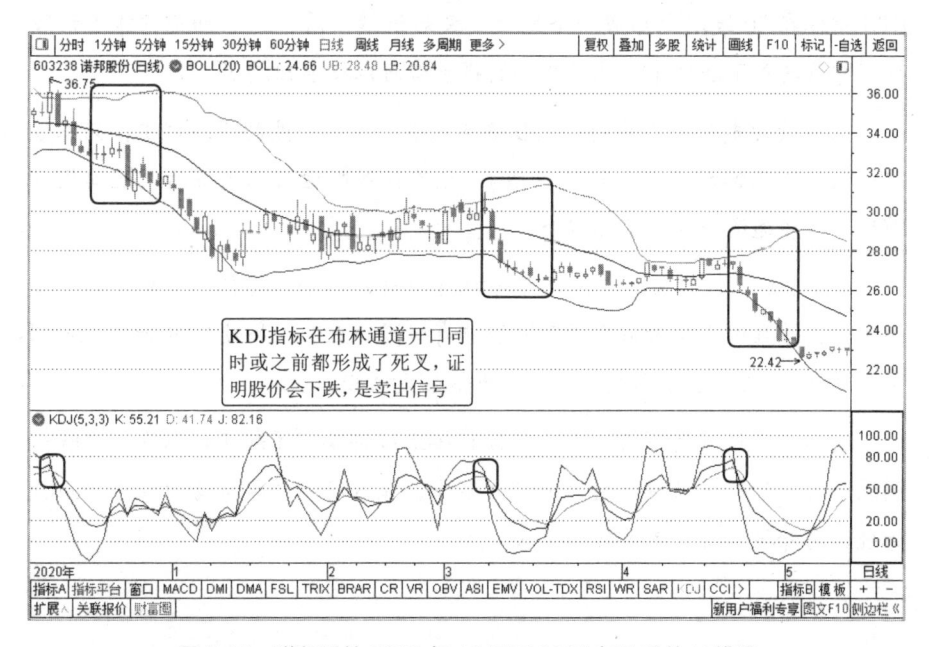

图 5-15　诺邦股份 2020 年 12 月至 2021 年 5 月的 K 线图

从图 5-15 中可以看出，诺邦股份正处于股价下跌行情之中。在 2020 年 12 月上旬，该股还在 34.00 元价位线附近横盘了几个交易日，由于震荡幅度的缩小，布林通道是收紧的。

但观察 KDJ 指标就可以发现，在布林通道还保持收紧状态时，KDJ 指标已经从高处滑落，在 50 线以上形成一个死亡交叉后持续下行，当布林通道还未产生明显变化时发出了提前的看跌信号。

与此同时，K 线也出现了收阴下跌，先是跌破了布林中轨线，随后在布林下轨线上得到支撑横盘数日后再度加速下跌。这一次下跌直接导致布林通道形成了明显的开口形态，结合 KDJ 指标之前的死叉及当前的下滑状态，股价短时间内的跌势比较确定了，投资者最好卖出止损。

进入 2021 年 1 月后，该股在 28.00 元价位线附近止跌后形成小幅回升，但布林中轨线的压制力还未消散，价格只能伴随着布林中轨线一同形成横盘震荡，KDJ 指标也围绕在 50 线附近震荡，参考价值大大下降。

3 月初，该股依旧在布林中轨线附近震荡，但在接连收出两根实体较长的阴线后，该股出现了下跌的迹象，布林通道也形成了小幅的开口。同时，KDJ 指标在 50 线以上形成一个死亡交叉后继续下滑，这一切都意味着该股可能即将进入下跌之中，此时机警的投资者可以提前出局了。

从后续的走势可以看到，该股确实是进入了又一波的下跌之中，只不过这一次的下跌幅度不大，该股在 26.00 元价位线附近得到支撑后就继续横盘整理，布林通道恢复了紧缩状态。

4 月下旬，该股又一次经历了布林通道开口，KDJ 指标形成死叉后下跌的走势，并且由于股价前期横盘过程中有缓慢的上涨，导致 KDJ 指标运行到了接近 80 线的位置才形成死叉，卖出信号更为强烈。

随后，K 线接连下滑，KDJ 指标直接三线都跌到了超卖区以内。这就说明这一次股价的下跌幅度要比前期大不少，误入场内的投资者应以尽快止损为佳，场外投资者则不要轻易介入。

No.06　布林通道开口与 KDJ 金叉

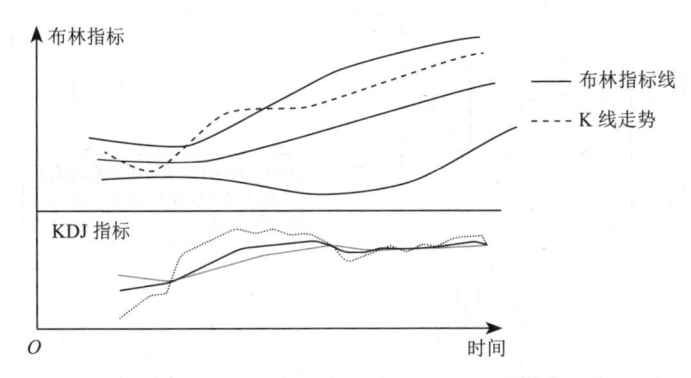

一图展示

图 5-16　布林通道开口与 KDJ 金叉示意图

知识精讲

布林通道开口后 KDJ 指标形成金叉，自然是股价向上快速攀升造成的，一般会形成于上涨行情的初期，以及回调完成后又一波拉升的初始位置，对于投资者来说是比较合适的买入时机。

与前面一个案例类似，KDJ 指标的金叉可能在布林通道开口之前形成，也可能与之同时形成，这主要取决于股价开始上涨的时机。投资者在实际操作时，完全可以将 KDJ 指标形成金叉的位置和布林通道开口的位置当作两处建仓点，错过一个还有一个，同时还能确认前一个信号的可靠性。

下面来看一个具体的案例。

应用实例

合盛硅业（603260）布林通道开口与 KDJ 金叉分析

图 5-17 为合盛硅业 2020 年 10 月至 2021 年 5 月的 K 线图。

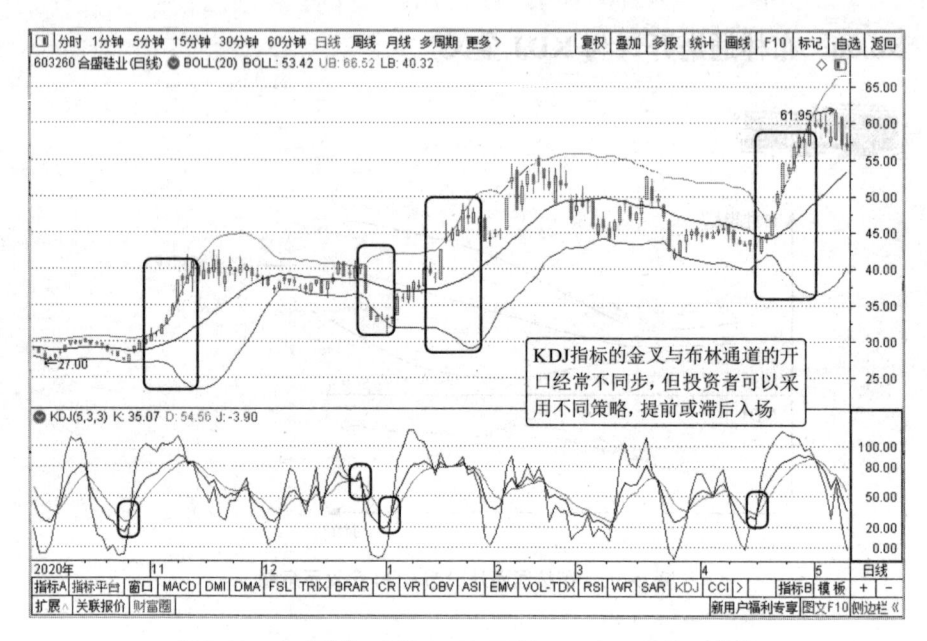

图 5-17 合盛硅业 2020 年 10 月至 2021 年 5 月的 K 线图

在合盛硅业这一段股价上涨行情之中，布林通道的开口形态多次出现，KDJ 指标也在震荡中产生了大量的买卖信号，那么该如何将二者有机地结合起来，成了投资者研判的关键之一呢？接下来就跟着案例来一步步学习。

首先来看上涨的初始位置，在 2020 年 10 月，该股还在 30.00 元价位线的压制下小幅震荡，布林通道的范围比较狭窄，KDJ 指标也围绕着 50 线附近起伏波动，行情整体呈现出比较平淡的状态。

10 月底，该股下跌到布林下轨线附近得到支撑后拐头向上，KDJ 指标也在 20 线附近形成金叉后上扬。粗略一看，这似乎就是横盘过程中的一次普通波动而已，很多投资者并不打算在 KDJ 指标此次金叉的位置买进。

但从 K 线后续的表现来看显然不止于此，股价在连续收阳的推动下涨速越来越快，直接带动布林指标产生明显的开口。布林上轨线甚至没能跟上股价上涨的步伐，阳线突破到其上方，产生了强烈的买进信号。再结合 KDJ 指标此前的金叉表现，以及后续持续上扬到超买区以内的形态，投资者就可以判断出上涨的到来，那么布林通道开口的位置，就是一个稍微滞后的买点。

11月上旬，该股上涨至40.00元价位线附近滞涨后横盘，一直持续了很长一段时间，最终在12月底被卖盘大幅压价而下跌，导致布林通道产生了开口。但很明显，此次布林通道的开口并不是买进的标志，而是股价回调的表现，KDJ指标也在同时形成了一个死叉，证实了这一点。

不过，由于市场还是对该股非常看好，此次的回调时间并不长，股价在30.00元价位线附近止跌后就再度上扬，开启了下一波拉升。此次股价的涨速较快，布林通道很快形成了更大的开口，KDJ指标却是在其开口之前就形成了金叉，两个买进信号相辅相成，更加确定了上涨走势，投资者买进也更有底气。

此次上涨一直冲到了55.00元价位线附近该股才受阻横盘，一段时间后又产生回调，股价在震荡中逐步下滑。2021年3月底，股价在40.00元价位线上方止跌企稳后开始横盘整理，并于4月中旬再次大幅拉升。

KDJ指标的金叉和布林通道的开口几乎是同时出现的，两个指标共同发出了积极的看多信号，意味着获利时机的到来。此时，在场外观望的投资者和场内投资者都可以再次买进一批筹码，持股待涨。

No.07 布林通道收口与KDJ高位钝化结束

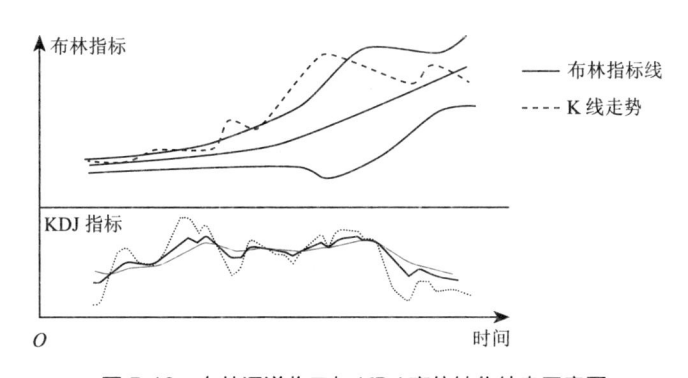

一图展示

图 5-18 布林通道收口与KDJ高位钝化结束示意图

知识精讲

布林通道的收口指的是股价从上涨或下跌走势转为小幅震荡状态时，布林上下轨线跟随收紧的形态。

一般来说，在上涨行情中布林通道收紧时，都代表着股价涨势暂缓。如果在此之前 KDJ 指标形成了高位钝化，随后又伴随着股价回调而结束，进入震荡状态，就意味着行情进入横盘整理之中。

还有一种情况，就是当 KDJ 指标的高位钝化结束后形成了下跌，布林指标收口的形态又不是特别明显时，股价有可能会形成下跌。因此，投资者要根据不同的情况来进行买卖决策。

下面来看一个具体的案例。

应用实例

我乐家居（603326）布林通道收口与 KDJ 高位钝化结束分析

图 5-19 为我乐家居 2019 年 10 月至 2020 年 3 月的 K 线图。

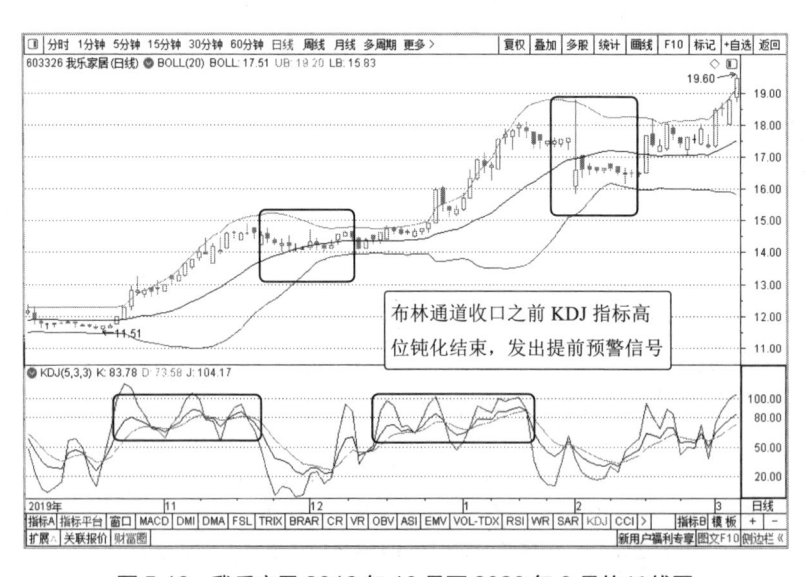

图 5-19 我乐家居 2019 年 10 月至 2020 年 3 月的 K 线图

布林通道的收口形态只是相较于前期扩张的程度而言的，有些时候布林通道会紧缩到K线几乎走平的程度，有时候却只是稍微收敛，整条通道的宽度甚至比以往的张口宽度还大。因此，投资者不必纠结布林通道收口的宽度如何，毕竟这是一种对比形态。

本案例选取的就是我乐家居在股价上涨行情中产生的两次布林通道收口形态，从图5-19中就可以看出，这两次收口的幅度明显不同，但都不影响形态的成立和回调信号的发出，下面就来逐一分析。

2019年10月，该股大部分时间都在12.00元价位线下方小幅震荡，直到10月底时，K线才形成快速的收阳上涨，带动布林通道形成开口后向上运行。与此同时，KDJ指标在股价稳定上涨的影响下逐步上移到80线附近，随后形成了高位钝化，向投资者发出了追涨信号。

11月中旬，该股在15.00元价位线附近受阻后滞涨了数日，并在后续出现了下跌的迹象。此时布林通道还未形成明显的变化，但KDJ指标反应很快，在K线收阴下跌的同时就在80线上形成了一个死叉后下行，不仅结束了高位钝化，还开始了角度较为陡峭的下滑。

这就说明市场中持股的投资者经过前期的上涨，大部分都获得了一定收益，并且希望在股价回调之前卖出兑利，避开后续的下跌，因此，造成了KDJ指标的快速下滑。由此可见，该股可能会产生一段下跌，短线投资者和部分谨慎的中长线投资者，可以在此跟随出局。

从后续的走势可以看到，该股确实出现了下跌，但下跌幅度很小，短短数日后就在14.00元价位线上得到了支撑，随后形成了横盘窄幅震荡。待到此时，布林通道的收口形态才真正展现出来，更加确定了行情的回调状态。

12月中旬，该股开始小幅向上攀升，刚开始的涨速非常缓慢，几乎没有对布林通道产生太大影响，但敏感的KDJ指标已经开始跟随上行了，指标线逐步靠近80线，并形成了近乎高位钝化的现象。

12月底，该股涨速骤然加快，布林通道再次开口，KDJ指标也进入了超买区内，形成的高位钝化更加明显了。但在进入2020年1月后不久，价格在18.00元价位线附近受阻后迅速收阴下跌，KDJ指标第一时间在超买区内形成了死亡交叉，随后快速下行，发出了明确的卖出信号。

此时，布林通道已经开始收紧了，但形态还不是特别明显。若投资者足够谨慎，就应该在KDJ指标的高位钝化结束时及时卖出。而惜售的投资者在等待一段时间，发现布林通道明显收口，K线下跌幅度较大后，也要择机卖出了。

No.08　布林通道收口与KDJ低位钝化结束

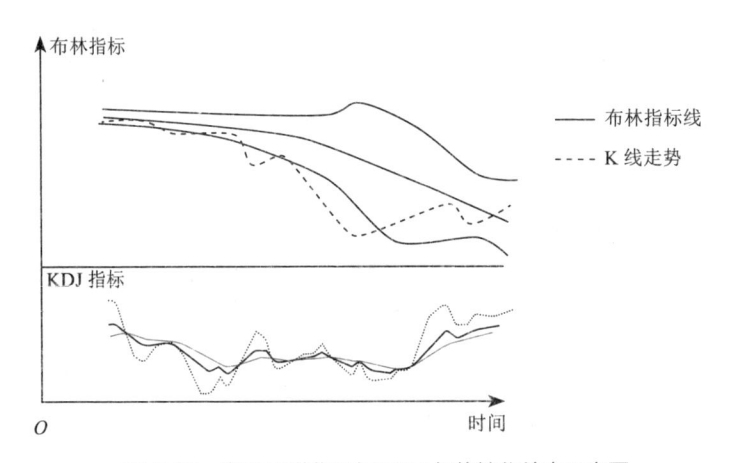

一图展示

图5-20　布林通道收口与KDJ低位钝化结束示意图

知识精讲

布林通道收口后KDJ指标低位钝化结束，就是股价经历一段持续性下跌后，在某一位置止跌横盘或反弹的表现。

与高位钝化一样，KDJ指标发出的信号往往会在布林通道收口之前形成，投资者在接收到这样的提前信号后，就要仔细观察KDJ指标后续的走向及股价的表现，判断未来是不是会进入横盘，行情有没有反弹的可能，进而做出止损出局或抢反弹入场的决策。

下面来看一个具体的案例。

应用实例

盘龙药业（002864）布林通道收口与 KDJ 低位钝化结束分析

在某些个股中，由于价格变动速度过快，布林通道又存在一定的滞后性，就有可能出现股价已经下跌或走平了，布林通道还未产生变化的情况，最终收口形态只是昙花一现，无法为投资者提供更有效的指导。

因此，KDJ 指标的作用就很关键了，本案例就选取这种比较特殊的走势来向投资者展示遇到快涨快跌的情况时，应该如何操作。

图 5-21 为盘龙药业 2022 年 3 月至 8 月的 K 线图。

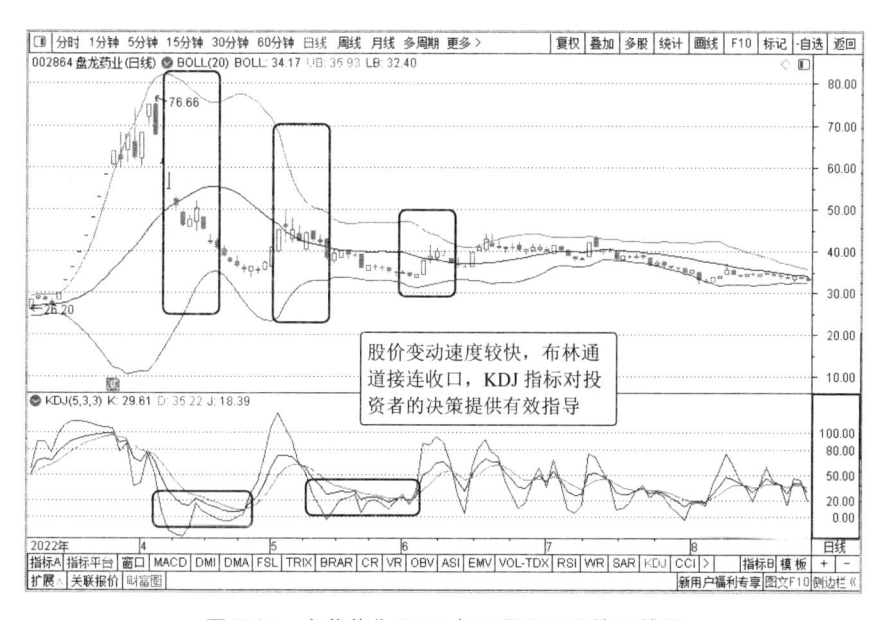

图 5-21 盘龙药业 2022 年 3 月至 8 月的 K 线图

从盘龙药业 2022 年 3 月到 4 月的股价走势中可以看到，在一个多月的时间内，该股从 30.00 元价位线下方一路暴涨至 75.00 元价位线以上，见顶后又急速下跌，一直跌到 35.00 元价位线附近才止跌，短时间内的震荡幅度极大。

仔细观察这段时间内的布林指标，可以看到当股价暴涨时，布林通道产生了急促的扩张。当其拐头向下后，由于发展方向的转变和跌速的减缓，布林通道有过一次短暂的收口，随后又在股价继续下跌的带动下再次扩张了。

如果投资者在此期间单独依靠布林指标来决策，可能会产生一定的混乱感和无力感。毕竟在涨跌速度如此快的情况下，买卖信号又不明确，许多投资者都不敢轻举妄动，此时，就要依靠 KDJ 指标了。

在前期暴涨的过程中，KDJ 指标在后期形成了高位的钝化，并且在股价拐头下跌之前就出现了高位死叉，提前发出了明确的见顶信号。再来看股价下跌的过程，KDJ 指标跟随一路下滑到了超卖区内，形成了不太明显的低位钝化，这也是股价跌势持续的证明，投资者完全可以依靠这一信号及时出局。

继续来看后面的走势，5 月初，该股形成了小幅的反弹，但在布林中轨线上受阻后回落，震荡幅度明显减小，布林通道也形成了收口。此次 KDJ 指标没有形成钝化，但死叉是出现了的，入场抢反弹的投资者可以借此卖出。

5 月上旬以后，伴随着股价的持续下跌，KDJ 指标形成了明显的低位钝化。6 月初，该股跌至 35.00 元价位线附近后止跌，随后小幅反弹，震荡空间进一步缩减，布林通道再度收口。KDJ 指标也在股价反弹的同时结束了低位钝化，开始回升到 50 线附近上下波动，说明该股此次的反弹幅度不大，震荡却是不停，投资者介入要谨慎。

No.09　布林通道紧口时 KDJ 震荡

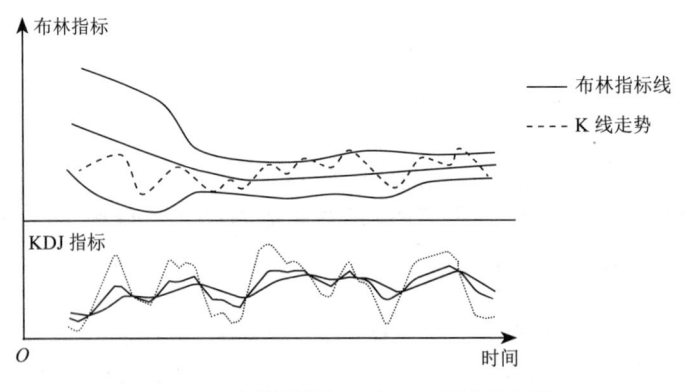

图 5-22　布林通道紧口时 KDJ 震荡示意图

知识精讲

布林通道紧口指的是股价在经过涨跌方向明显的走势后,转入横盘或是小幅震荡之中,并且震荡幅度越来越小,导致布林通道在收口后还在不断收紧,整条通道呈现出收敛的喇叭状。

一般来说,在此期间的 KDJ 指标都不会产生明显的涨跌预示,而是会在 50 线附近反复波动,其间发出的买卖信号的参考价值都有所下降。因此,对于大部分投资者来说,这种状态是不适合操作的,投资者可以保持观望,等待变盘,或是另寻买卖时机。

下面来看一个具体的案例。

应用实例

振德医疗(603301)布林通道紧口时 KDJ 震荡分析

图 5-23 为振德医疗 2020 年 1 月至 7 月的 K 线图。

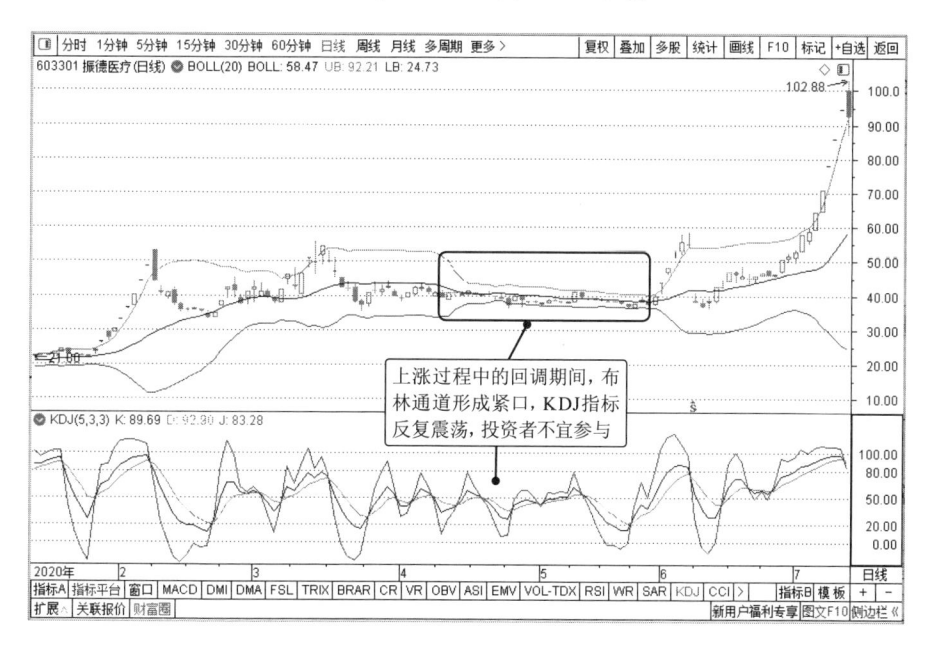

图 5-23 振德医疗 2020 年 1 月至 7 月的 K 线图

从振德医疗的上涨行情中可以看到，1月，该股从20.00元价位线附近一路依靠连续的涨停冲上了50.00元价位线，随后受阻回调，落到布林中轨线上得到支撑后继续上扬。在此期间，KDJ指标和布林指标都跟随股价的变动而产生了一系列的买卖信号。

3月中旬，该股在布林中轨线的支撑下再度向上接近了50.00元价位线，但该价位线附近的压制力显然比较强劲，多方发力无法攻破的情况下，价格只能拐头下跌，落到了40.00元价位线下方，开始了小幅震荡。

此时来观察两个指标，可以发现布林通道几乎跟随股价走平，既没有明显的收口现象，也没有转向的趋势。KDJ指标则围绕在50线附近开始了规律的震荡，买卖信号失效。

伴随着后续股价震荡幅度的再度缩减，布林通道的宽度大大减小，呈现出了收口后再紧口的形态。与此同时，KDJ指标也在50线附近形成了钝化，意味着股价短时间内的波动幅度已经缩减到极致。那么，投资者在此期间最好就不要介入了，等到后续变盘来临时再决定也不迟。

第六章

其他常见技术指标：辅助分析

股市中的指标成百上千，除了前面几章介绍的五个技术指标之外，还有一些不太常用，但研判效果比较好的指标，比如RSI指标和BBI指标。投资者在实战中既可以将其当作主要研判对象，也可以将其作为辅助指标来配合其他技术分析方法使用。

一、RSI 指标有哪些用法

RSI 指标全称为相对强弱指标，是一种反映市场超买超卖，判断其景气程度的短线指标。它由三条指标线构成，属于副图指标，图 6-1 为 K 线图中的 RSI 指标。

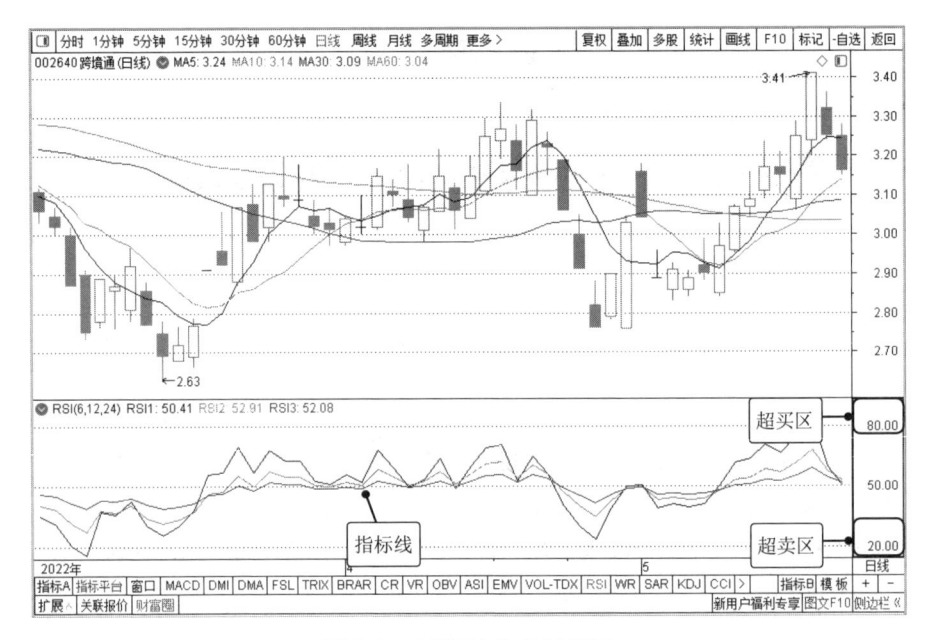

图 6-1　K 线图中的 RSI 指标

从图 6-1 中可以看出，RSI 指标与 KDJ 指标非常相似，都是由敏感程度不同的三条指标线构成，并且都存在超卖区和超买区。不过，与 KDJ 指标不同的是，RSI 指标的超卖区范围为 30 线以下，并且三条指标线的取值范围都在 0～100，不存在超出的情况。

尽管两个指标在某些方面具有共通之处，但从图 6-1 中可以发现，RSI 指标的运行更为规律，震荡的频繁程度也不如 KDJ 指标，因此，RSI 指标形成的一些特殊形态或是买卖信号的强度就要相对高一些。

下面来看看 RSI 指标有哪些用法。

No.01　RSI 指标突破前期高点

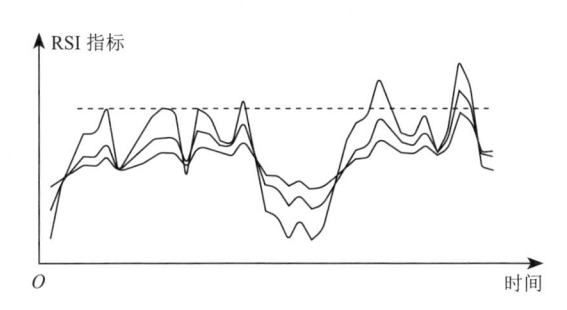

一图展示

图 6-2　RSI 指标突破前期高点示意图

知识精讲

　　RSI 指标相较于 KDJ 指标来说更容易产生位置或高或低的钝化，并且在钝化的同时，RSI 指标的高点或低点很容易维持在相近的位置上。若将高位钝化的 RSI 指标高点相连，就能得到一条针对指标的压力线，这就意味着股价在此期间涨势稳定，但涨速没有太大的突破。

　　如果 RSI 指标能在后续成功突破这一压力线来到更高的位置，甚至深入超买区，就说明股价的涨速得到了进一步的提升，市场追涨情绪更加高涨，短时间内价格可能会大幅拉升。投资者完全可以借助 RSI 指标的突破点建仓，持股待涨。

　　但同时需要注意的是，RSI 指标突破前期高点的状态一般不会持续太久，因为市场中买方的力量不会一直持续增长，尤其是当 RSI 指标已经来到比较高的位置时，高点的突破可能只能够维持短短数日时间。

　　因此，当 RSI 指标高点开始回缩时，股价的涨速就很可能会大幅减缓，这代表着回调即将到来，投资者该止盈了。

　　下面就选取个股的一段上涨行情，向投资者展示如何在 RSI 指标的突破形态帮助下建仓，又如何借助高点回缩的形态及时止盈出局。

应用实例

卫光生物（002880）RSI 指标突破前期高点

图 6-3 为卫光生物 2020 年 2 月至 7 月的 K 线图。

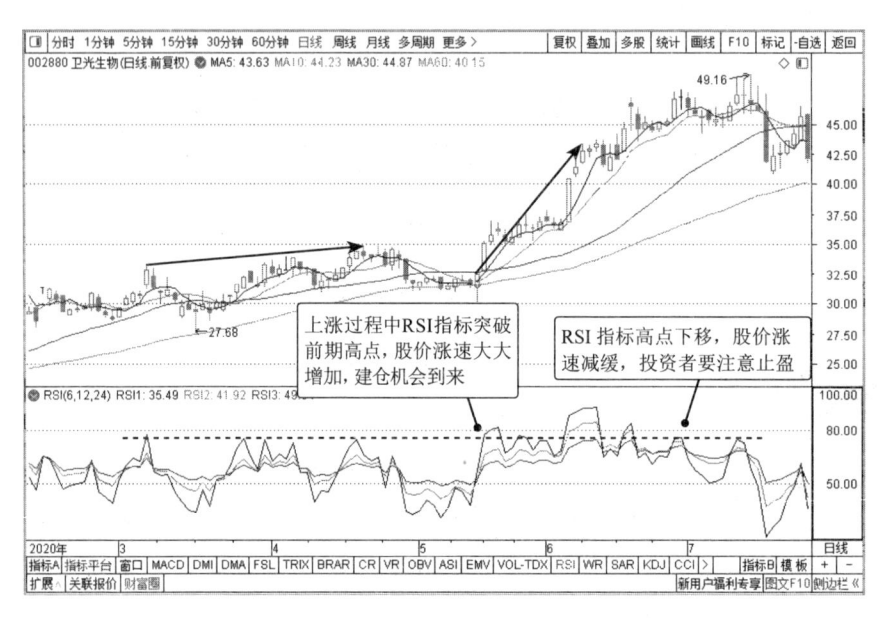

图 6-3 卫光生物 2020 年 2 月至 7 月的 K 线图

从卫光生物这段股价上涨走势中可以看到，均线组合从 2020 年 2 月开始就在上扬，30 日均线和 60 日均线对股价的支撑力都比较强劲，股价多次回调都在这两条均线附近止跌，形成了类似逐浪上升的走势。

在此期间，股价上涨的速度和波动幅度规律性较强，这也使得 RSI 指标在 50 线上方形成了更加规律的震荡，指标线的高点几乎维持在同一水平线上。这也从侧面反映出了股价上涨缓慢，但涨势依旧在延续，投资者可以在股价回调的低位建仓买进。

但这样的走势并未维持太久，4 月中旬，该股在 35.00 元价位线附近受阻后，形成了一次幅度较深的回调，K 线一路下滑到了 60 日均线附近才止跌，随后形成了一段时间的横盘。

观察此时的 RSI 指标，可以发现指标线受到影响出现了整体的下移，但依旧没有全部跌到50线以下，说明股价还未彻底进入下跌走势中，投资者可以继续持有，等待回调结束。

5月中旬，该股在市场买方骤然放大的推动力支撑下大幅收阳，数日后就成功突破到了35.00元价位线上方，并且在后续的回踩中确认了支撑力。同时，RSI指标的高点也突破了80线，不仅越过了前期高点，还进入了超买区以内，证明股价涨速大幅提高，投资者此时建仓的获益机会更大了。

从后续的走势可以看到，该股在35.00元价位线上方整理一段时间后继续上冲，涨速相较于前期还有提升。RSI指标受其影响，再次形成的高点明显上移，指标线深入了超买区内，证实了拉升的到来。

但就在这次拉升后，股价涨速明显减缓，RSI指标也在同一时期内形成了高点回缩的走势。二者的结合都在向投资者传达一个信号，那就是短期爆发可能即将结束，回调即将到来。尽管投资者还无法判断回调的深度，但保险起见，还是以止盈出局为佳，避开后市的下跌。

No.02 RSI指标跌破前期低点

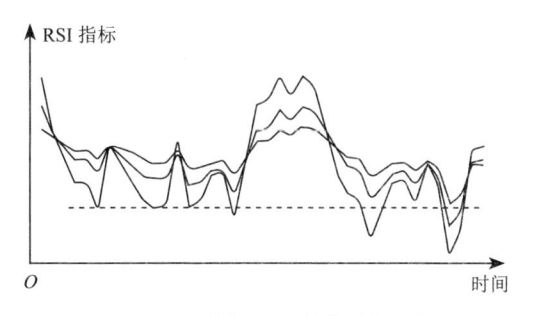

一图展示

图6-4 RSI指标跌破前期低点示意图

知识精讲

RSI指标跌破前期低点的形态，基本就是上一个形态的翻转，也就是当 RSI 指标处于低位钝化或震荡的过程中，低点基本维持在同一水平支撑线上，某一时刻指标线的低点跌破了该支撑线，形态也就成立了。

股价在此期间的表现也很好理解，RSI 指标尚处于支撑线以上时，股价在下跌，但跌速稳定，如果股价是从高位落下的，那么，此时造成的损失还不大，投资者需要及时止损。但当 RSI 指标的支撑被跌破时，股价的跌势大概率会更加沉重，发出的警告信号十分强烈。此时，无论后市是否有反弹机会，投资者最好都先行卖出。

下面来看一个具体的案例。

应用实例

日辰股份（603755）RSI 指标跌破前期低点

图 6-5 为日辰股份 2021 年 3 月至 8 月的 K 线图。

图 6-5　日辰股份 2021 年 3 月至 8 月的 K 线图

RSI 指标低点位于相近位置的形态不一定只在指标钝化时形成，有些时候，股价在横向运行产生震荡时，RSI 指标也有可能构筑出一条支撑线。当这条支撑线被跌破时，股价也可能进入了下跌之中。

本案例选取的就是典型的股价从横盘震荡转为下跌，导致 RSI 指标跌破前期低点的形态。下面就来仔细分析其中的卖点。

从图 6-5 中可以看出，在 2021 年 3 月，股价进行了一次幅度不小的反弹，价格一路上升至 73.45 元的高点才止涨回落，RSI 指标也短暂来到了超买区以内，随后跟随股价的回落而下滑到 50 线附近。

在此之后，股价便长时间在 60.00 元价位线的支撑下横盘震荡，70.00 元价位线则是横盘区间的上边压力线。同一时间内，RSI 指标长期保持在 50 线附近，跟随股价的波动而上下震荡，低点几乎都位于相近的位置，也就是 20 线附近。

6 月底，该股原本应该上涨到 70.00 元价位线附近的一次反弹未能实现，股价在 65.00 元价位线上就受到了阻碍，随后回落到 60.00 元价位线附近。这一次的反弹失败意味着市场中的多方可能无法再与空方抗衡，股价后续下跌的可能性比较大，抢反弹的投资者要注意警惕。

7 月中旬，该股长时间在 60.00 元价位线上横盘，没有继续反弹的状态引起了许多投资者的猜疑和担心，许多持股者纷纷卖出观望。于是股价开始在逐步增加的抛压下逐步下移，直到 7 月下旬时，K 线收出了数根实体较长的阴线，彻底宣告股价回归了下跌行情之中。

此时，RSI 指标的低点也大幅下移，在跌破前期低点的同时，显著深入到了超卖区以内，进一步确定了下跌信号。此时，抢反弹的投资者就要迅速跟随市场卖出，场外投资者最好不要参与。

再来看后续的走势，该股在经历数日的快速下跌后来到了 45.00 元价位线上方，在此止跌后形成反弹。但很显然，此次反弹的高度不尽如人意，55.00 元价位线形成了强力的压制，股价很快就再次下跌了，并且此次下跌的速度也比较快，导致 RSI 指标依旧向下进入了超卖区内，卖出信号得到延续。

No.03　强势区间内 RSI 指标的用法

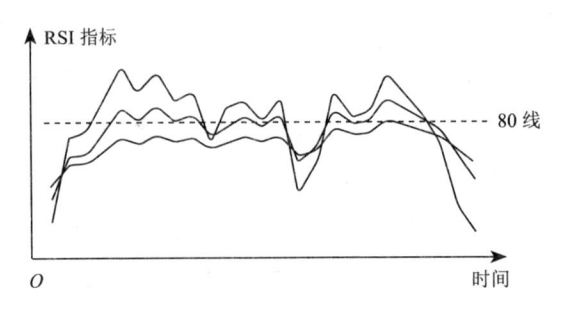

一图展示

图 6-6　强势区间内 RSI 指标的走势示意图

知识精讲

RSI 指标的强势区间指的就是 RSI 指标的超买区。当指标线长时间运行于这一区间内，或是指标线的高点多次穿越到 80 线以上时，就说明市场在这段时间内处于比较强势的状态，投资者可以试探着买进。

如果投资者对前面几章的内容比较熟悉，就会发现 RSI 指标的这种用法与 KDJ 指标非常类似。不过，由于 RSI 指标的稳定性比 KDJ 指标稍强，因此，RSI 指标线也更不容易突破到超买区以内，由此可见，当 RSI 指标频繁进入超买区以内时，发出的买入信号也会更加强烈。

下面来看一个具体的案例。

应用实例

川仪股份（603100）强势区间内 RSI 指标的用法

图 6-7 为川仪股份 2022 年 7 月至 12 月的 K 线图。

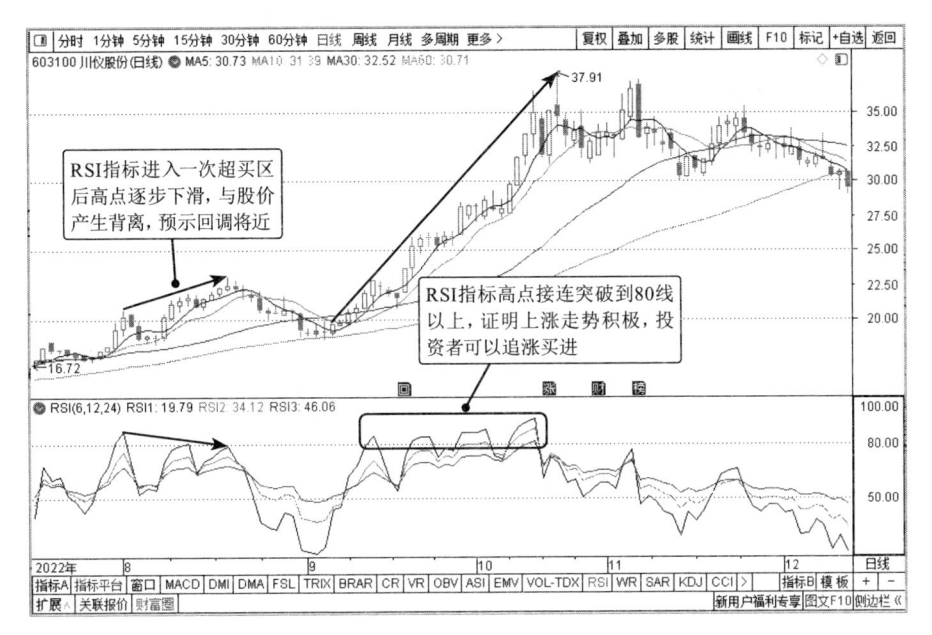

图 6-7　川仪股份 2022 年 7 月至 12 月的 K 线图

在川仪股份 2022 年 7 月到 12 月的走势中，一共有两段比较明显的上涨，分别形成于 8 月和 9 月到 10 月。尽管都在上涨，但 RSI 指标却在这两段走势中产生了截然不同的反应。

在 2022 年 7 月，股价已经开始了上涨，但涨速不快，RSI 指标的反馈并不是非常积极。直到 7 月底，该股回调到 30 日均线附近后，多方蓄积起了足够的动能，后续开启的拉升速度明显加快许多，数日后股价就冲到了 20.00 元价位线以上。

同一时刻，RSI 指标在股价的带动下迅速上扬，高点短暂突破到了 80 线以上。但随着股价的回调和再次的上升，RSI 指标却没有再创新高，而是形成了高点逐步下移的走势，与仍旧上升的股价形成了顶背离形态。

与 KDJ 指标一样，RSI 指标也有顶背离和底背离形态，用法是一样的。也就是说，这里出现的 RSI 指标顶背离意味着股价上涨乏力，买盘难以继续支撑趋势的延续，回调或下跌可能即将到来，投资者要保持警惕。

果然，不久之后，该股在 22.50 元价位线附近受阻后很快收阴下跌，进入回调之中。RSI 指标也同步下行，很快便滑落到了 50 线以下，发出短期看跌信号，短线投资者可出局。

9 月初，该股回调到 60 日均线附近后得到支撑，横盘数日后就开始了又一波的拉升。与此同时，RSI 指标在 50 线以下拐头向上，很快在 9 月上旬突破到了 80 线以上。

尽管在后续的走势中，该股进行了数次回调，但回调幅度都不大，均线组合形成多头排列后长期保持，证明上涨趋势稳定。RSI 指标在此期间也形成了波浪形的走势，每一浪的高点都要比前期更加深入超买区以内，与不断上移的 K 线相辅相成，发出了强烈的看多信号。

那么，在股价积极上涨的过程中，投资者就可以将回调的低点视作建仓点或加仓点，择机买进后持股待涨。不过，这种爆发式的上涨一般不会持续太久，已经买进的投资者要注意止盈点的设置，准备追涨的投资者也要衡量一下高位入场的风险和收益之间的差距。

No.04 弱势区间内 RSI 指标的用法

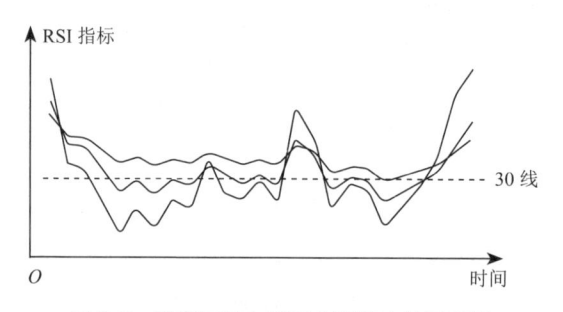

一图展示

图 6-8 弱势区间内 RSI 指标的走势示意图

知识精讲

RSI 指标的弱势区间自然指的是摆动区域中的超卖区，也就是 30 线以下的区域。

如果 RSI 指标长时间位于超卖区以内，或是低点多次跌破 30 线，那么市场的走势可能就不太乐观了，长期维持下跌甚至连续收阴下滑都是有可能发生的。因此，对于大部分投资者而言，RSI 指标过多靠近超卖区的表现是明确的卖出信号。

不过，指标线进入超卖区的形态除了有行情短期看跌的含义外，还有市场过度低估股价，后续可能形成超跌反弹的含义。因此，当股价跌到一定程度，RSI 指标又产生回升迹象时，反弹就可能到来了，投资者可以在后续择机入场。

下面来看一个具体的案例。

应用实例

特一药业（002728）弱势区间内 RSI 指标的用法

图 6-9 为特一药业 2020 年 11 月至 2021 年 4 月的 K 线图。

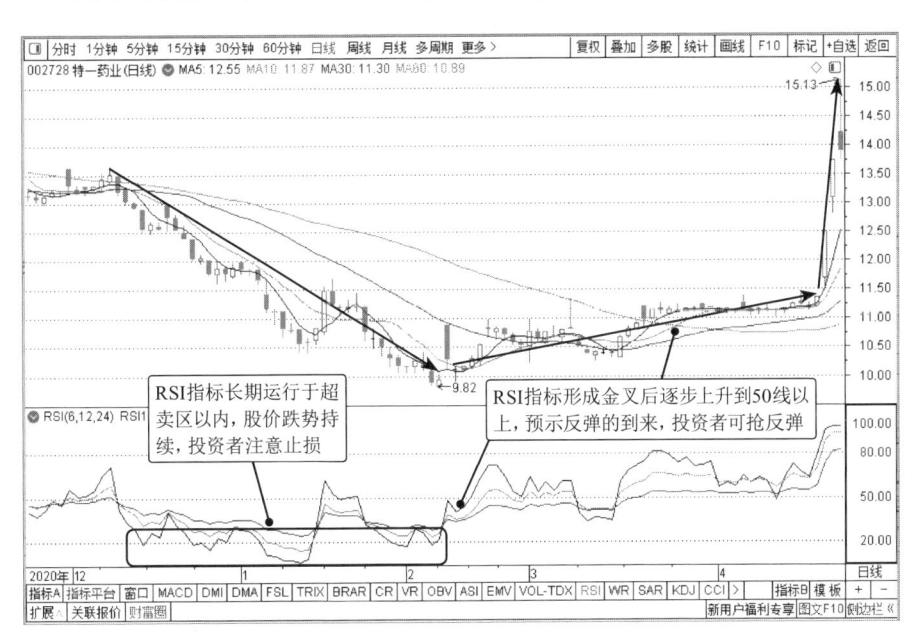

图 6-9　特一药业 2020 年 11 月至 2021 年 4 月的 K 线图

从图 6-9 中可以看到，特一药业正处于涨跌趋势转变的过程中。在 2020 年 11 月，股价还在 13.00 元到 13.50 元进行横盘运行，RSI 指标也在 50 线附近运行。直到进入 12 月后，K 线才出现连续的收阴下跌，股价很快下滑，均线组合也形成了空头排列，这一切都预示着后市看跌。

此时来观察 RSI 指标，可以发现在股价第一波下跌的时候，该股就已经跌到 30 线以下了。伴随着价格的持续下滑，RSI 指标的低点多次进入超卖区以内，股价跌幅越大，指标线就越深入超卖区。

2021 年 1 月上旬，该股跌到 10.50 元价位线附近后终于止跌，并形成了明显的反弹。此次反弹的幅度虽大，但持续时间很短，RSI 指标仅仅上行到 50 线附近数日，随后便再度回到了超卖区以内。股价也跌破了前期低点，运行到了 10.00 元价位线以下。

此时，该股这一波跌势已经持续了近两个月的时间，从 13.50 元下滑到 10.00 元左右，跌幅也有近 26%，已经算是较大的了。并且 RSI 指标也在超卖区附近徘徊了近两个月，市场超跌现象很明显，股价有反弹的可能性。

2 月初，该股在止跌后果然出现了反弹迹象，但刚开始的涨幅和涨速都比较弱势。尽管 RSI 指标回升到了 50 线附近，此处的买点依旧不明确，激进的投资者可以试探着轻仓买进，谨慎的投资者则可以等到股价涨势得到确定后再入场。

二、BBI 指标的实操应用

BBI 指标又称多空均线，是由不同时间周期的均线加权平均之后得出的综合指标。

从其计算方式来看，BBI 指标属于均线型指标，但指标线仅有一条。基于不同均线的计算方式，使得 BBI 指标线能够取长补短，既能在滞后性方面得到修正，又能对未来较长一段时间的走势做出研判。可以说，BBI 指标线就是由均线组合浓缩而成的。

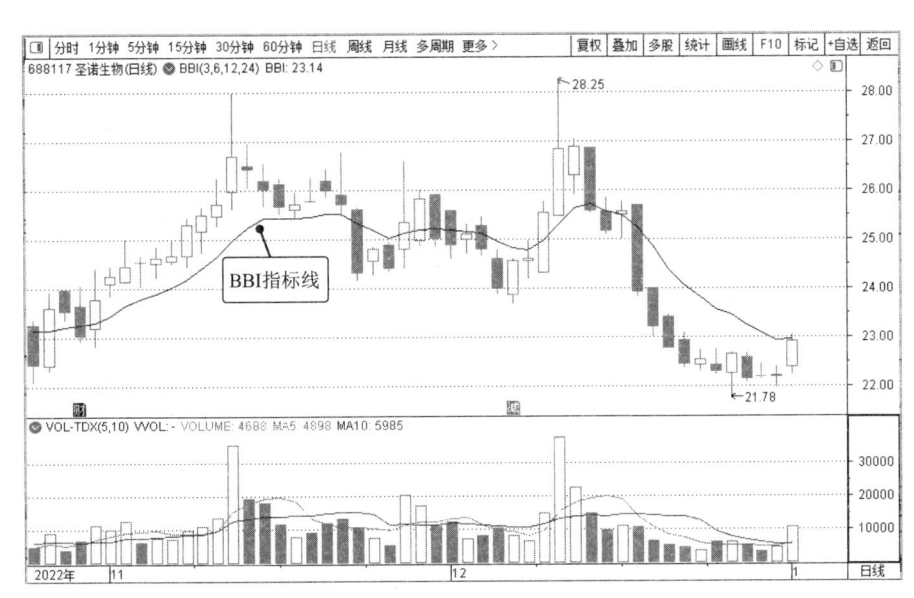

图 6-10 为 K 线图中的 BBI 指标。

图 6-10　K 线图中的 BBI 指标

BBI 指标拥有均线的大部分特质，因此，也对股价存在支撑和压制作用。除此之外，BBI 指标还有一些特殊的用法，下面就来逐一展示。

No.05　BBI 指标线形成的特殊形态

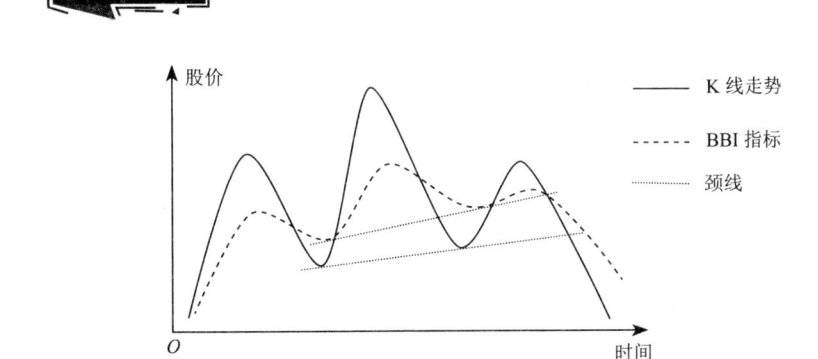

一图展示

图 6-11　BBI 指标线与 K 线共同形成头肩顶示意图

知识精讲

BBI 指标形成的特殊形态，其实主要集中在顶底形态上，并且需要与 K 线配合使用，共同形成相似的形态时，形态发出的买卖信号才足够确定。

图 6-11 为 BBI 指标与 K 线共同构筑的头肩顶形态，仔细观察可以发现，二者在构筑形态时，其实并不是完全同步的，形态的最终样貌也有所差异，但整体来说，头肩顶的形状还是很明显的。

同时，BBI 指标与 K 线的颈线位置也不同，这主要取决于前期两个低点的位置。在图 6-11 中，BBI 指标的颈线是先被跌破的，也就是说，BBI 指标的头肩顶先形成，在发出提前预警信号后，K 线的颈线才被跌破。K 线的头肩顶形态成立就是对 BBI 指标卖出信号的进一步确认。

不过，并不是所有情况下 BBI 指标的信号都会先行出现，具体情况要实际操作时才能分析出来。但无论哪一方先完成形态的构筑，只要另一方能够紧随其后确认信号，此处的买卖点就会比较明确，投资者进行操作的成功率也会得到一定的提升。

下面就以双重顶形态为例来介绍 BBI 指标的这种特殊用法。

拓展知识 *双重顶是一种怎样的形态*

双重顶是一种比较常见的顶部形态，它通常是主力首次拉高出货后没能完全抛掉手中筹码，于是再度拉升出第二个顶峰，二次出货造成的。

以两个波峰之间的低点为基准延伸出的一条水平线，就是双重顶的颈线，也是形态的关键支撑线。一旦颈线被跌破，就意味着双重顶成立了，颈线被跌破的位置也是明确的卖点。

应用实例

伊戈尔（002922）BBI 指标与 K 线共同形成双重顶

图 6-12 为伊戈尔 2021 年 9 月至 2022 年 4 月的 K 线图。

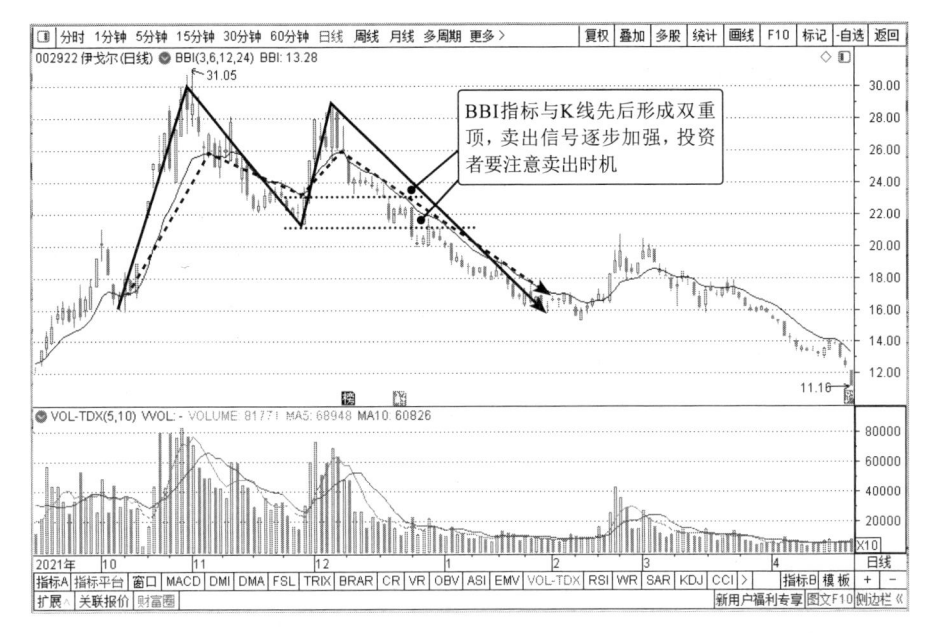

图 6-12 伊戈尔 2021 年 9 月至 2022 年 4 月的 K 线图

从图 6-12 中可以看到，伊戈尔的双重顶形态十分清晰，从 2021 年 10 月初开始，一直延续到 2022 年 1 月，构筑时间较长，但形态的卖出信号还是很明确的，尤其是当 BBI 指标参与其中，更能帮助投资者提前止损出局，下面就来进行详细的分析。

2021 年 9 月，该股涨速较快，在连续收阳冲到 20.00 元价位线以上后，抛压开始增长，价格形成回调，不过两个交易日后便在 16.00 元价位线上得到支撑，开始了下一波拉升。与此同时，BBI 指标线跟随小幅转折后也继续上行了。

在接下来一个多月的时间内，股价涨势积极，BBI 指标线几乎呈一条稳定的斜线上涨。11 月初，该股在 31.05 元的位置见顶后下跌，形成了一个高点，半个月后就跌到了 BBI 指标线以下，并在 22.00 元价位线附近止跌震荡。

再来观察 BBI 指标线的表现，可以看到在股价转向的同时，BBI 指标线很快作出反应，在短暂走平后迅速拐头向下，形成了一个稍微滞后的高点。

11 月底，该股自 22.00 元价位线下方止跌后开始反弹，低点在 21.00 元左右。BBI 指标线受到 K 线大幅收阳的刺激，在两个交易日内就完成了向上的转向，也形成了一个低点，位置在 23.00 元左右。

由于此次反弹的成交量量能不足，该股反弹的高点显然也不及前期，仅在小幅跃过 28.00 元价位线后就停滞不前，随后快速收阴下滑，带动 BBI 指标线拐头向下。

首先被跌破的是 BBI 指标的颈线，此时的股价已经跌至 22.00 元价位线附近了，几乎快要跌破 K 线的颈线，预警信号已经发出，谨慎的投资者应当在此时就迅速卖出。数日后，K 线的颈线也被跌破了，二者发出看跌信号的时间相差无几，信号强度也不断增强，此时还未离场的投资者要抓紧时间了。

No.06　周 K 线中 BBI 指标线的应用

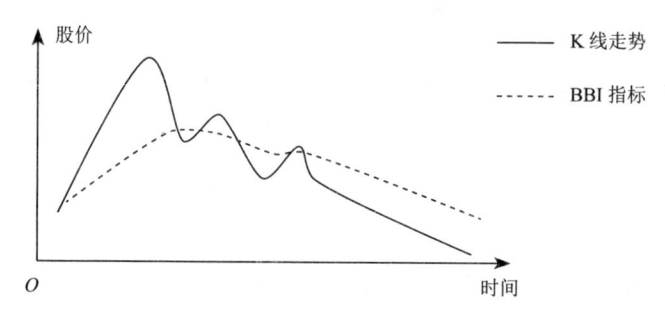

一图展示

图 6-13　BBI 指标线对股价的支撑与压制示意图

知识精讲

在大部分炒股软件中，都将 K 线图中默认的 K 线周期设置为日线，也就是一根 K 线代表一个交易日的走势。当然，K 线的周期是可以调整的，投资者可以根据自身的持股周期或是其他因素，将其修改为分钟线、周线、月线乃至年线，以配合自己的操作策略。

其中，周线就是比较适合中长线投资者操作的 K 线，投资者在浓缩的 K 线走势中，能够更清晰地看到股价的整体走势，同时屏蔽掉一些干扰性的波动，这对于中长期持股操作来说是很有益处的。

BBI 指标在周 K 线中的作用，就是发挥其对股价的支撑和压制作用，辅助投资者判断当前行情的走势，进而选择买卖时机。中长线投资者在确定策略后，就可以将 K 线周期切换回日线，再次借助 BBI 指标来建仓或出货。

下面来看一个具体的案例。

应用实例

宏川智慧（002930）周 K 线中 BBI 指标线的应用

图 6-14 为宏川智慧 2021 年 9 月至 2023 年 1 月的周 K 线图。

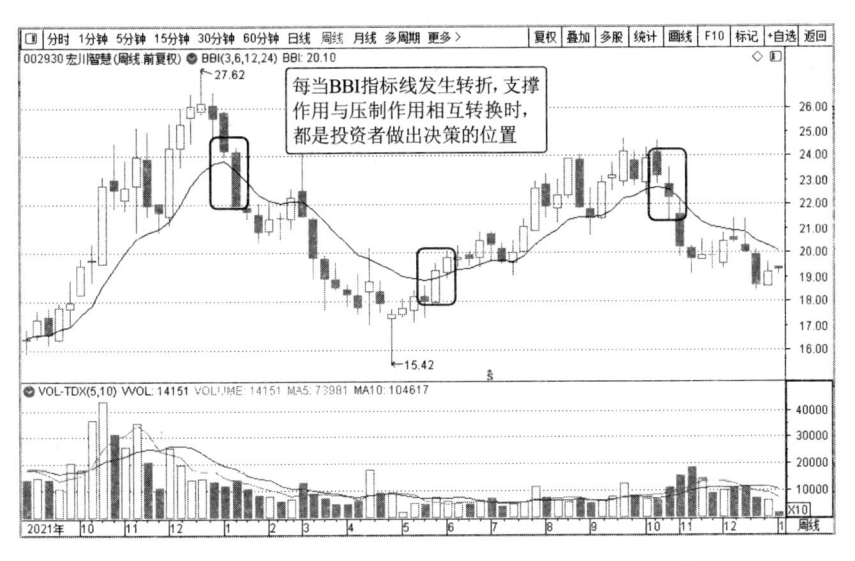

图 6-14　宏川智慧 2021 年 9 月至 2023 年 1 月的周 K 线图

将日 K 线切换为周 K 线很简单，只需选择 K 线图上方的"周线"选项，即可实现快捷的周期切换。

图 6-14 为宏川智慧从 2021 年 9 月到 2023 年 1 月的周 K 线走势，从中可以看到，K 线在经过浓缩后，一整年的走势就可以通过几十根 K 线完全展示出来，非常方便中长线投资者对行情趋势进行观察。

2021 年 9 月到 12 月，周 K 线显示出的走势非常积极，大部分周 K 线都是收阳的，BBI指标线也承托在下方发挥支撑作用。这就说明在周K线所代表的一周内，无论股价如何震荡，整体都在上涨，因此，投资者就可以在此期间择机追涨。

12月时，该股在27.00元价位线上方见顶后开始收阴下跌，在第三周就跌破了BBI指标线，同时带动BBI指标线拐头向下，开始展现压制作用。此时，下跌趋势已经明朗，投资者就可以在BBI指标线被跌破的位置卖出。

这一轮下跌一直延续到了2022年4月底，股价在15.00元价位线以下止跌后开始回升，几周之后就成功突破到了BBI指标线以上。对于激进的投资者而言，股价触底回升的位置已然是一个买点，而谨慎的投资者则可以在周K线突破BBI指标线后，再进入日K线图中择机建仓。

在后续长达数月的时间内，该股再次在BBI指标线的支撑下向上运行，其间的震荡更为频繁，但基本都没有跌破过BBI指标线，这些回调的低点为投资者创造出了大量的建仓或加仓机会。待到后续股价再次跌破BBI指标线时，投资者再及时卖出，就能够赚取较大的收益。

下面就切换到宏川智慧的日K线图中，看看周K线图中的买卖点转移到日K线图中时，会产生何种变化。

图6-15为宏川智慧2021年9月至2023年1月的日K线图。

从图6-15中可以看到，宏川智慧从2021年9月到2023年1月的日K线走势显得十分冗长，并且震荡得十分频繁，不过这些波动都在周K线中被抹去了，投资者只需根据周K线图中发出的买卖信号操作即可。

首先，在2021年9月到12月，投资者迎来第一波建仓时机。日K线在此期间的上涨走势还是十分明显的，回调低点就可以作为建仓点。

其次，股价见顶后跌破BBI指标线的位置，在2021年12月底，日K线也跌到了BBI指标线以下，跌破的位置就是卖出位置。

最后，该股在2022年4月见底后回升，很快就突破到了BBI指标线以上。根据周K线的指示，投资者可以在日K线彻底运行到BBI指标线上方后再建仓。在后续的上涨过程中，日K线震荡频繁，但周K线中的上涨走势明确，那么投资者就可以在回调的位置再度加仓。

10月，该股此轮上涨见顶后下跌，周K线图和日K线图中的股价都跌破了BBI指标线，那么投资者就要注意及时止盈止损了。

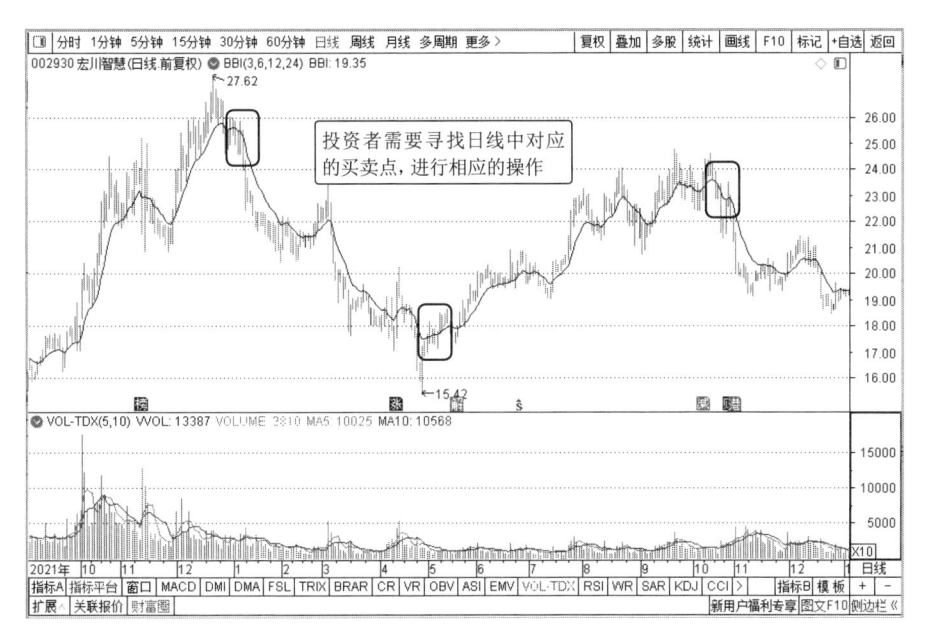

图6-15 宏川智慧2021年9月至2023年1月的日K线图

No.07 顾比倒数线和BBI的结合

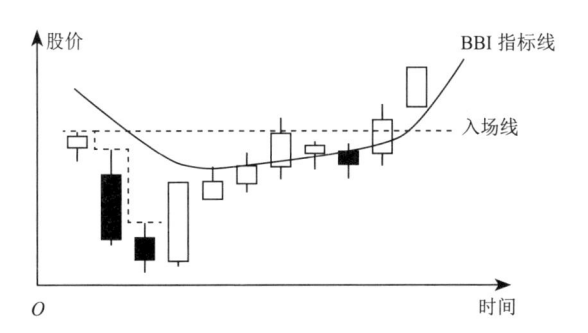

一图展示

图6-16 顾比倒数线中的入场线和BBI指标线在底部结合的示意图

知识精讲

BBI 指标线用于判断股价趋势的转变固然有效，但有些时候，股价在穿越 BBI 指标线后还是会出现一定程度的震荡，导致投资者难以准确判断买卖时机。因此，这里引进一种专用于判断入场点或离场点的盘后指标，那就是顾比倒数线。

顾比倒数线在判断入场点或出场点时，需要用到三根重要的 K 线，只是由于位置的不同，寻找的 K 线也有所差异。

先来看看入场点如何寻找。

第一根 K 线：投资者先找到某一阶段内股价下跌的最低点，这是第一根重要 K 线，记作 K 线 1。

第二根 K 线：沿着 K 线 1 向左移动，直到遇见下一根最高价高于 K 线 1 的 K 线，这就是投资者要找的第二根重要的 K 线，记作 K 线 2。

第三根 K 线：沿着 K 线 2 向左移动，直到遇见下一根最高价高于 K 线 2 的 K 线，这就是第三根重要的 K 线，记作 K 线 3。此时，沿着 K 线 3 的顶端画一条直线，这就是顾比倒数线中的入场线，图 6-16 中就有顾比倒数线的入场线示意形式。

相反，如果需借助顾比倒数线寻找出场点，那么 K 线 1 就是某一阶段内股价上涨的最高点，K 线 2 和 K 线 3 依次是向左移动的最低价低于前一日最低价的 K 线，沿着 K 线 3 的底端画一条直线，就形成了顾比倒数线中的出场线，如图 6-17 所示。

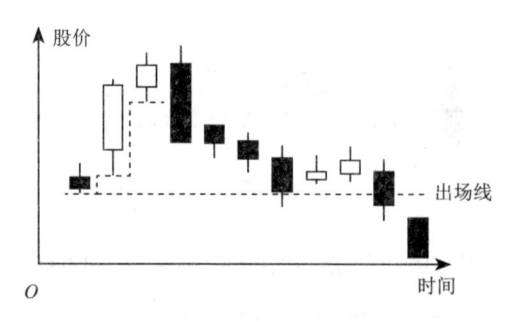

图 6-17 顾比倒数线中的出场线示意图

由此可见，当K线突破顾比倒数线中的入场线，或是跌破出场线时，就形成了比较清晰的买卖点。投资者此时再借助BBI指标线确定趋势发生转变后，就可以进行相应的操作了。

下面来看一个具体的案例。

应用实例

锋龙股份（002931）顾比倒数线和BBI在底部的结合

图6-18为锋龙股份2021年7月至9月的K线图。

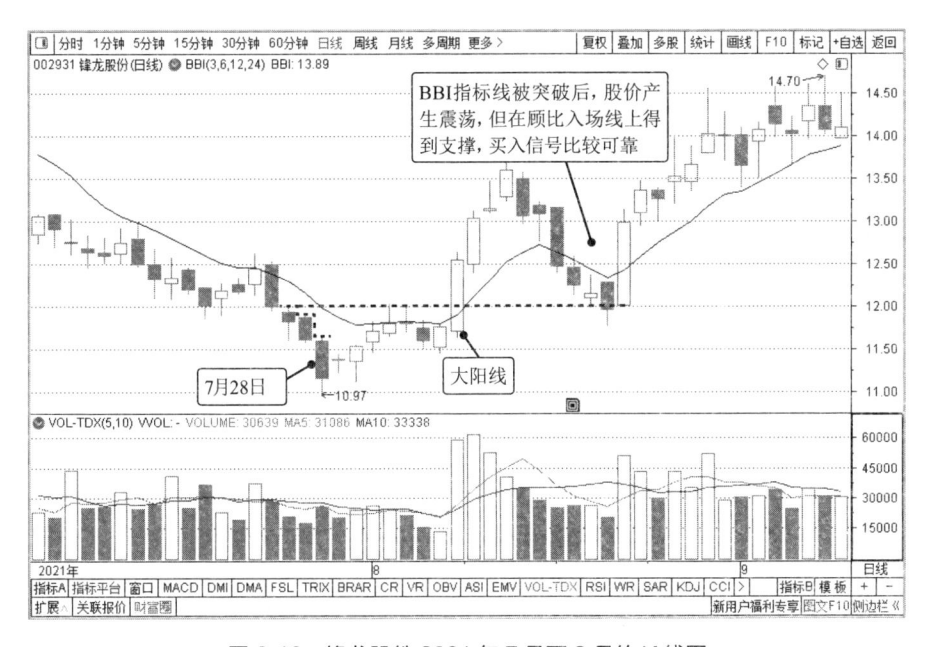

图6-18　锋龙股份2021年7月至9月的K线图

在锋龙股份的这段走势中，股价从下跌转为上涨的状态非常明确，但身处其间的投资者就不会有如此清晰的认知了，但在顾比倒数线和BBI指标线的帮助下，投资者还是有机会在低位进行买入的。

先来看下跌期间K线的表现，在7月，股价大部分时间都在收阴下跌，BBI指标线长时间覆盖在K线上方。

7月底，股价终于在创出10.97元的低价后开始回升，但刚开始的涨速并不快，BBI指标线也仅仅是走平，并没有产生明显的转向。在此期间，K线也被阻挡在了BBI指标线以下，呈现出突破无力的状态。此时，难以判断是否应买进的投资者，就可以借助顾比倒数线来分析。

7月28日正是股价创新低的当日，将其记为K线1；左边最近的K线正好就是一根最高价高于K线1的阴线，因此将其记作K线2；再往左边移动，最近的K线最高价也高于K线2，那么就将其记作K线3。以其最高点为基准作一条水平线向右延伸，就得到了顾比入场线。

此时可以看到，入场线在12.00元价位线附近，股价回升后难以突破BBI指标线的同时，顾比入场线也对其最高价产生了限制。由此可见，市场多方当前还未占据足够优势，若股价能在后续成功突破BBI指标线与入场线的限制，那么上涨走势就能确定；如若不能，那股价大概率还是会回归下跌。

股价被压制的状态一直持续到了8月初，K线突兀收出了一根涨幅达到6.72%的大阳线，直接向上接连突破了BBI指标线和入场线，并带动BBI指标线立即向上转向，形成明确的买入信号。此时，激进的投资者就可以建仓了。

在后续的走势中，K线大幅收阳上涨，很快便突破到了13.50元价位线以上，随后形成了回调整理，BBI指标线也出现了向下的转折。不过，此次回调的低点落在了入场线附近，触底后就立即收阳上涨了，K线再度回到BBI指标线以上。这就说明下方支撑力比较充足，后市上涨还是有一定保障的，谨慎的投资者也可以买进了。

最后要再次提醒投资者，本书所讲解的技术指标仅作参考，不代表所有走势都绝对会按照已有形态进行。因此，投资者在操作时切忌盲目跟从，不可以本书为绝对标准进行操作，要结合多方情况与技术综合考虑。